女たちの声

工藤庸子

羽鳥書店

La Voix des Femmes
Yoko Kudo
—
Hatori Press, Inc., 2019
ISBN 978-4-904702-77-2

女たちの声　目次

人文学の遠めがね

人文学の遠めがね

《 I 》

ベンジャミン・フランクリンの恋文　その一

「人文学の遠めがね」というタイトルで、ブログを開設することになりました。どうぞ宜しく。お隣さんのブログ「憲法学の虫眼鏡」を覗き、長谷部恭男先生にあやかろうという、さもしい魂胆がないとはいい切れませんけれど、ただのパロディというわけでもありません【*1】。

発想の源はプルースト。『失われた時を求めて』の大団円『見出された時』の終幕にある語り手の述懐を、わかりやすくまとめておけば、こんな具合です――書きためた作品のエスキスを人に見せても誰もわかってくれない。私が聖堂に刻みつけようと考えている真理については、それなりに理解してくれる人でも、よくぞ「顕微鏡」でそんなものを発見したと褒めるだけ。だが、じつのところ、私は「望遠鏡」を使っているのである。なるほど私が捉えているのは、とても小さな物体のようではあるが、それはとてつもなく遠いところにあるせいで、じつはそれぞれがひとつの世界をなしている。つまり私は「望遠鏡」を使って大きな法則を探し求めているのだが、にもかかわらず、どうやら手元の細部をほじくり返す人間とみなされているらしい。

というわけで、わたしの「遠めがね」が向けられている先は、とりあえず革命期のフランスです。でも、なぜフランス革命なのか？　現代日本の国会議員の女性比率が一九三カ国中一六三位（世界・国会の女性議員率：二〇一七年ＩＰＵ調査）などという言語道断な数字を見るにつけ、深刻に考えこんでしまうのです。「戦後民主主義」を謳歌して育ったはずの世代は――今や現役を退いて十年以上になるわたし自身をふくめ――これまで何をしてきたのだろう？　国会や政党だけの話ではない。企業にせよ、研究機関にせよ、そもそも女性がしかるべきポストにしかるべき比率で配置されていない組織において、男女共同参画社会にふさわしい「民主主義」が機能するでしょうか？　求められているのは大きな展望にもとづくラディカルな決意です。

さて「黄泉の国の会話」というアプローチが「遠めがね」の比喩にふさわしいかどうか、定かではありませんが、以下はフランス革命とナポレオン独裁を生きぬいたスタール夫人と架空のわたし自身であるＫＹとのおしゃべりであります。ちなみに死者との対話という設定は、ヨーロッパでは伝統ある文芸のジャンル。ダンテもそうだし、プルーストには、少女たちが作文の課題で「ソフォクレスが黄泉の国からラシーヌに送った手紙」を考案するという微笑ましい話がありました。

＊　＊　＊

スタール夫人　そう、おっしゃるように、あの時代、女性は存分に「世論」に参加することができた。「ソシエテ」というものがありましたからね。そのことは、わたしもフランス革命論できちんと指摘しておいたし、その後、ジュール・ミシュレも華やかな筆で革命期の女性の活躍を称えている。でも、わたしがあなたに聞きたいのは、なぜ二十一世紀の日本で女性の解放がそれほど遅れているのかってこと。

ＫＹ　その理由がわかれば……って誰でも思いますけどね。「ジェンダー秩序」などという言葉を今じゃよく使うのですが、「革命」や「戦争」のために、政治・社会・文化の秩序が轟音を立てて崩れ落ちる瞬間には、その「ジェンダー秩序」も崩壊する。二回の世界大戦とその後の民族紛争は、皮肉なことながら、女性の飛躍的な社会進出を促すというプラスの効果をもたらした。これは歴史の事実です。

一方で敗戦国日本の民主主義は半世紀以上にわたり、明らかに女性を置き去りにした。なぜ今ごろになって、人はようやくそのことに気づきはじめたのか、という大問題は脇に措き、フランスにもどりますと、革命前夜からナポレオンのクーデタまで——国民公会による恐怖政治の時期を除いて、ですけれど——あの限られた時代に「女性の政治化」というか「政治の女性化」というか、ともかく前例のない変革が起きた。そして、ナポレオン法典が「ジェンダー秩序」を含む近代市民社会の秩序を着々と構築するかたわらで、その変革の記憶までが、徐々に忘却の淵に沈んでいった。

空前絶後といえば大袈裟だけれど、あの例外的な時代に輝いておられたのが、わがジェルメーヌさま、とミーハー的に憧れているわけでございます。

スタール夫人　ミーハー的という言葉の意味はわかりませんけれど、褒めていただいたみたいね。でも、印刷されたものだけでは、あの時代の途方もない言語的昂揚の本質はつかめませんよ。なにしろ「世論」の基調をなすのは「語られた言葉」なのですから。学者の方々は「サロン」とか「公共圏」とか空間的な語彙で括る以前に、そのコンテンツを考えてほしい。わたしたちが「ソシエテ」あるいは「会話の精神」と呼んだものが、いかなる「活動」として、つまり男女の参画する半ばパブリックな言語的実践として存在していたか……未来からふり返ってみるなら、まさにハンナ・アレントの語彙にある「活動」の先駆だと思う。

ちなみにわたしの邸に入り浸っていたガヴァヌア・モリスの『日記』にも、「サロン」という言葉は出てこないでしょう？

ＫＹ　そうそう、そのガヴァヌア・モリスの『日記』ね。あらゆる研究者が「革命期の政治的なサロンについての第一級の史料である」と保証するけれど、読んでいる人はほとんどいない。だいたい「サロン」というのは女性が主宰した空間であって、つまり女物のテーマでしょ、だからね、ここだけの話、たいていの男性研究者は玄関先で礼儀正しく挨拶しただけで消えてしまうわけですよ。そもそも「語られた言葉」には信憑性がない。学問の基調は「書かれた言葉」でありますし。

スタール夫人　ふうん、そうなの。で、あなたはモリスの『日記』を読んだわけ？

KY　そりゃ、もちろん！　目から鱗というべきか。でもこの話は長くなるから、ひと言だけ。

スタール夫人　読めばわかるはずですけれど、モリスがパリの「ソシエテ」に登場したのは、一七八九年の初め。ジョージ・ワシントンの片腕で合衆国憲法の起草に深くかかわり、アメリカ独立戦争で生じたフランスへの借款について交渉する任務を帯びてやってきた。フランス語は達者だし、片脚だけど見場もいい、とても素敵な男でしたよ。あっという間にパリの「ソシエテ」を征服して、タレイランの公認の恋人フラオ伯爵夫人を口説き落とし、それでいてタレイランと仲違いするでもなく……ところで、タレイランがあの当時、わたしの恋人だったか否かというのは、評伝作家がかならず触れる大問題なんでしょ？　要するに、わたしたちのあいだには絶妙な四角関係みたいなものがありましてね、それがルイ十六世周辺の政治的決断や情報操作の駆け引きにも絡み……。

KY　あ、でも、その話は長くなりますから、また今度……あの『日記』を読んで、わたしがマジメな研究者としてある種の感動とともに確認したのは、開幕したばかりのフランス革命が、ほぼ形をなしたアメリカ独立革命を身近なモデルとして真剣に参照していたという事実。つまりあの時点の実感としての米仏の距離の近さです。そして驚愕したのは義足のモリスのフットワークの華麗さ。でも、じつはモリスは、パリでもてはやされた初めての「アメリカ人」ではないんですよね。偉大な先輩はベンジャミン・フランクリン。この話、どうですか？

スタール夫人　なるほど、それで「ベンジャミン・フランクリンの恋文」なんて妙な表題がついているわけね。あの手紙、わたしも読んだけれど、なかなか立派。あれならサロンで朗読できます。そのお話、書いてみたら？　こちらでもブログは読めますから。

KY　まあ、嬉しい！　では、また。いずれあらためてお声をかけますね。

2017.9.29

＊1　羽鳥書店のウェブサイトで二〇一七年一月より掲載している、憲法学者の長谷部恭男氏の連載。「人文学の遠めがね」は二〇一七年九月より連載開始。

《Ⅱ》

ベンジャミン・フランクリンの恋文　その二（ＫＹのメモ）

スタール夫人のテクストで巧みに使われる雷と電位差のメタファーがきっかけで「パリのアメリカ人」のことを考えはじめたのだった。革命前のフランスのサロンには、フランクリン・ブームと呼べるものがあったにちがいない。

一七七六年七月四日、アメリカ十三州の独立宣言が採択された。一方的に「国家」を名乗った若々しい政治勢力を代表し、ベンジャミン・フランクリンがフランスに向けて発ったのは、その年の暮れ。イギリス軍と植民地軍との武力衝突は容易に決着がつきそうにない情勢下、三名の使節団に託された喫緊の課題は、独立軍に対する物資や資金の援助をとりつけ、旗幟を鮮明にした軍人や義勇兵の個人的な参戦を促すことだった。フランスにしてみれば、七年戦争に敗退して植民地を奪われたばかりの英国に荷担するのは非現実的な選択だったけれど、ただでさえ逼迫した国庫に負担をかけてまで他国の争いに介入する必要はないし、そもそも君主制の国家が共和制をめざす反乱軍の味方になれば自国の不安定化を招く、という主張は正論だった。ただし、かりに英国が勝利して北アメリカを傘下に収めれば、目前に世界帝国という脅威が出現することになる。

正攻法で国家間の交渉を提案する正統性をもたぬフランクリンは、アメリカの「革命」に共鳴する「世論」を形成し、搦《から》め手からも外交に働きかけようと考える。手品のような早業でサロンの寵児になることは、短期決戦の戦略的要請でもあった。赫々《かっかく》たる成果は年譜で確認できる。一七七八年、米仏同盟条約に調印。一七七九年、駐仏全権公使となり、一七八一年、対英講和会議代表、一七八三年、米英の戦争終結にかかわるパリ講和条約締結。宗主国イギリスをはじめ、ヨーロッパ諸国との折衝においても、フランクリンの外交的手腕と人格的な信望は圧倒的なものだった。アメリカに帰国して五年後の一七九〇年、訃報が伝わるとフランスの国民議会は三日間の喪に服した。

それにしたってサロンの寵児などというものは、なろうと思ってなれるものではない。ここで参照するのは、マルク・フュマロリの『ヨーロッパがフランス語を話していたころ』【*1】という著作。タイトルを見ただけで、所詮はいにしえのグローバル言語幻想だろうと敬遠したくなるけれど、やはり碩学は信頼できる。フランクリンは到着後ただちにルイ十六世の外務大臣ヴェルジェンヌ、マルゼルブなどの開明的な貴族、その他、要所要所の重鎮に面会を求め、気むずかしいデファン夫人のサロンを表敬訪問し、フリーメイソンの人脈をつてにパリの郊外だったパシーに居を構え、科学アカデミーを定期的に訪れては議論や実験に参加して、わかりやすいアメリカ・ブームの熱気をかき立てた。

アメリカが国家として承認される以前に「アメリカ人」なるものは存在しないはずなのだが、フランクリンはいわば先取りの「国民性」を造形してみせた。明朗、誠実、謙遜、勤勉、知的好奇心……、旧大陸の疲弊した国民が、若き新大陸の国民に期待する美徳やイメージを、さりげなく、完璧に演じてスタール夫人のいう「ソシエテ」を魅了したのだとわたしは思う。服装などもアメリカ式を押しとおした。国交樹立と同盟条約調印を機に、ルイ十六世から謁見を賜るという一生の晴れ舞台にも、あの禿頭のまま、鬘なしでヴェルサイユ宮殿にあらわれた。「フランクリンさまは、おつむが大きすぎてフランス製の鬘に入らない」という噂は、いかにもサロン向き、恰好の話題になった。そして、女心をくすぐるエピソードの極めつきは、エルヴェシウス未亡人へのプロポーズ。

啓蒙思想家エルヴェシウスは富と名声、美しい妻、世紀最高の知的人脈にめぐまれながら一七七一年に他界した。しかしサロンを主宰する女性にとって夫は必需品とはかぎらない。機転が利いて財力があれば威光は陰らないのである。フランクリンは目ざとく状況を見てとって、文明の都パリで進歩思想の温床とみなされる一流サロンの常連となり、その女主人に恋を仕掛けたのだった。問題の恋文、というより正確にはプロポーズを断られた直後の手紙だが、さすがに全文を律儀に翻訳するいとまはない。おおよそのところは、こんな感じである。

亡き夫への愛と操をつらぬくという、昨晩の貴女の残酷なお言葉に深く傷つき、死んだようになって床につきましたところ、なぜか、あの世で目が醒めました。

誰か会いたい者がいるか、という問いに対して、せっかくだから哲学者のところに案内してほしいと答えましたところ、ご近所によい住人がいる、ソクラテス氏とエルヴェシウス氏だが、とのこと。それはそれは、お二人には衷心から尊敬の念を捧げております。ただし小生、フランス語は多少たしなむものの、ギリシア語は皆目わかりませぬ、まずはエルヴェシウス氏にお目にかかりたい。といった経緯で、ご主人にお会い致しました。評判は聞いているとかで、丁重に迎え入れてくださり、フランスにおいて戦争は、そして宗教や自由や統治の現状は、いったいどうなっておるか、と細々、お尋ねになりました。

——ところで、あなたの大切な方、エルヴェシウス夫人について、なぜお尋ねにならないのです。今もあなたを大層愛しておられますよ、たった一時間前にお邸を辞去したところです。——そのひと言で昔の幸福を思いださせてくださった。しかしね、ここで幸福になるためには、忘却が求められる。当初は彼女のことばかり考えていたが、やがて慰められ、べつの女を娶りました。なるべく似た女を探しましてね、美人という意味ではやや劣るが、良識においては同等、頭のよさではやや優る、そして深くわたしを愛してくれます。いろいろ気を遣ってくれましてね、ちょうど天国特製の美酒を買いに出ておりますが、じきにもどって参りましょう。——どうやらかつての奥さまのほうが、操が固いようだ。何人もの立派な人物のプロポーズを断っておられますよ。かくいう私も白状すれば完全にのぼせあがっているのだが、あなたを愛しているからといって、すげなく断られました。――〔同情したエルヴェシウスが、経験者として口説きのコツを教える十数行を省略〕――そのとき、天国の美酒をたずさえた新エルヴェシウス夫人が入ってこられた。その瞬間に、フランクリン夫人であることがわかった、つまり、かつてアメリカで私の大切な人だった人ですよ。私はただちに返還を要求しました。ところが彼女は冷たくいいはなったのです。あたしは四十九年と四ヵ月、半世紀近くも、あなたの妻だったのよ。それで満足しなさいよ。こちらで生まれた新しい絆は、あいにく永遠につづきますの。

愛しき妻の拒絶に遭って、私はただちに心を決めた、こんな裏切りにみちた黄泉の国に別れを告げて地上に戻り、お天道さまと貴女に再びまみえたい、と。かくして戻って参りました！　だからわれわれふたりで復讐してやりましょうよ！

さて、この先はスタール夫人に確認するまでもあるまい。わたしが想像するに、エルヴェシウス夫人はこの手紙を読んでにっこり笑い、しかるべき顔ぶれがそろったところでみずから朗読した――十八世紀に通信の秘密という発想はないし、サロンのマナーを知りつくした者だけが、微妙な手紙を上手に公開して小粋な話題をつくることができる。こうしてフランクリンが定例の訪問を一回か二回スキップしてから、羞じらいを含んだ優雅な微笑を浮かべて登場すれば、ますます人気沸騰。彼を「素敵なパパ」Bon Papa と呼ぶ女性ファンの数はいやがうえにも増してゆくだろう。

問題の手紙がいつ書かれたのかは不明だが、一七〇六年生まれのベンジャミン・フランクリンは七十の峠を越えている。当時の平均寿命からすれば立派な後期高齢者である。そのフランクリンのフランス語能力は、フュマロリによれば「なかなか立派」estimableであるという。謙遜を装う本人も、じつはかなり自信があったのだろう。エルヴェシウス夫人への恋文を含め、いくつかの手紙や創作を集めて手元の印刷機で本にして——なにしろ、もとは印刷屋なのだ——『パシーのバガテル』（パシーのよしなしごと）と題したのだった。この洗練された言語的感性は、いったいどこで身につけたものだろう？

フランクリンはロンドンで一七五七年から十数年も暮らし、その間に二度、短期間だがフランスを訪れている。ただし、この伝説的な「蠟燭職人の子」が学校に通わせてもらったのは十歳まで。いつ、どこで外国語を習得できたのか。名高い『フランクリン自伝』によれば、一七三三年に外国語の勉強を始め、まもなくフランス語に熟達して楽に読めるようになったとのこと。しかし、たんなる読解力の話ではないのである。

そもそも、この『自伝』の学校英語のお手本のような、道徳臭い文章はどうだろう。『バガテル』の洒脱なフランス語とのギャップは、説明のしようがないではないか。それにあの平明で、力強く、格調高い「独立宣言」の文章は？　外交交渉で条約を締結するさいの公文書における一言一句は？　おまけに世界に通用する科学論文も発表しているし……と分裂症気味になってきたから、このあたりで強引にまとめよう。

パリのサロンのベンジャミン・フランクリンは、ひと言で定義するなら、想像を絶するほどしたたかな後期高齢者なのである。七十歳まで植民地生まれの「イギリス人」として生きてきた人間が、今や更地に「アメリカ」を出現させようと企てている。『自伝』のまん中あたりに、すでに書かれた原稿の「教育的効果」を絶賛するクェーカー教徒の友人からの手紙が挿入されている。その友人にすすめられ「一七八四年、パリの近郊パシー」において後半の執筆が再開されたというのだが……わたしの想像によれば、フランクリンは『自伝』のエピソードを適当にアレンジして、サロンで朗読していたのではないか。いや、しないはずはないと思う。フランクリンが死去して一年後の一七九一年、世界に先駆けて前半部分の不完全なフランス語訳がパリで出版されたのは、待望する読者がいたからにちがいない。そう思って読めば「建国の父」が「アメリカ国民」に与えた道徳の教科書のような『自伝』も、新旧の大陸をむすぶ知的冒険から生まれた見事な副産物のように見えてくる。

フランクリンが帰国したのち、第二代駐仏全権公使となったのは、いずれ第三代アメリカ大統領となるはずのトマス・ジェファーソン。スタール夫人の友人ガヴァヌア・モリスがその後任として第三代全権公使に任命されたのは、パリに到着して三年が経過した一七九二年の初め、国王処刑の一年前である。いずれにしても一七八九年七月のバスティーユ占領以降は、サロンで恋文や自伝を朗読する時代ではなかった？　……ということでもなさそうなのだが、モリスについては、目下、資料を取り寄せているところ。いずれあらためて、スタール夫人とともにご報告をしたいと考えている【*2】。

2017.10.21

＊1　Marc Fumaroli, *Quand l'Europe parlait français*, Editions de Fallois, Livre de poche, 2001.

＊2　この項の「つづき」は以下を参照されたい。工藤庸子『政治に口出しする女は、お嫌いですか？——スタール夫人の言論vs.ナポレオンの独裁』（勁草書房、二〇一八年）。

《Ⅲ》

二本のネクタイ　あるいは男女格差について

今回の衆議院選挙においても言語道断な女性比率は相変わらず。その結果に怒り、その怒りがメディアにしかるべく反映されぬことにも、ふつふつと怒りを覚えている女性たちが、はたしてどのぐらいいるか。少なからずいるはず、と信じることにします。

なにしろ内閣府男女共同参画局には「各分野における指導的地位」の女性比率について『2020年30％』目標の実現に向けて」というサイトが麗々しく立ちあがっているのに（二〇二〇年までにあと二年！）、政権与党である自民党の当選者の女性比率は、なんと七・七パーセントなのであります。しかも、政権担当者たちは努力目標ですらない空手形の公約など、すっかり忘れたかのように、恥じる気配もありません。興味深い数字は、分裂した野党二党に関するもの。女性が代表を務めていた希望の党は四十七名の女性候補者を立てながら当選はわずか二名、にわかづくりの立憲民主党は十九名の女性立候補者のうち十二名が当選（『朝日新聞』二〇一七年十月二十五日）。この奇妙な歪みは何を意味するか。まっとうな市民生活から政党政治があられもなく乖離しているとしかいいようがありません。

結果として、女性の意志や知性や生活条件を反映する議席が一割しか与えられなかった。じつは政治の世界と知の世界には、もし適正に数値化することが可能であれば、ほぼ同等の男女格差がある、日本では「ガラスの天井」どころか、はるかに低いところに「一割の壁」があって道を塞いでいる、と経験的に感じています【*1】。ともかくこれでは「パリテ法」（男女同数への権利）を発議したくともできない。「代議制民主主義」の大原則からしても、すべての個人に政治的自由を保障すべき「人権」の理念に照らしても、日本の現状は、明らかに不整合なのではありませんか。ここは「指導的地位」におられる九割の男性の方々に、つよく求めておきましょう——「異性の問題」としてではなく「政治の問題」「社会の問題」として、この格差の由来を考え、それぞれの立ち位置から発言していただきたい、と。

さて本日とりあげるのは「二本のネクタイ」という寓話。二本のネクタイのうち好きな一本を選ぶように、自由に男か女かを選べるという解説はまやかし、誤魔化されてはダメ、という厳しいお話です。女性への聖職授与を認めぬカトリック教会の論理構造を批判して、ある人類学者いわく——神さまは二本のネクタイの好きな方を選んだわけではない、社会の鋳型から考えて、それ以外にはありえぬ一本を選んだだけであり、社会は啓示宗教が登場する以前から、男性を上位においてきた。神の子たるものが、性の混乱を象徴する両性具有に生まれてくるわけにはいかなかったのであり、かりに神の子が、規範に反して二本のネクタイを首に巻くような具合に、両性具有に生まれていたら（聖職者も両性具有であることを求められ）、その後の聖職者への道は大いに狭められたことだろう、とユーモアをまじえた考察がつづきます。

この人類学者が女性であることは、もう、おわかりのはず。フランソワーズ・エリチエ『差異の思考』【★2】の「女性が権力をもつことはありそうにない」と題した「結論」からの引用です。書物の与える印象は悲観的どころか、じつに力づよい。クロード・レヴィ＝ストロースの後継者として一九八二年にコレージュ・ド・フランスの教授に就任したエリチエは、現在は名誉教授としてメディアでも活躍していますが、キャリアとしては師と同様、フィールド調査（主にアフリカ）でしっかり実績を積んだ研究者。『差異の思考』も啓蒙書というよりは論文集に近い。世界には、いかに多種多様で思いがけぬジェンダー構造が見出されるか、列挙する余裕はないので、女性の不妊が嫌悪されぬ例を一つだけ。

結婚した女性が不妊と判断されると出身家族に帰され、以降は「男」として扱われる。すなわち家畜の群を所有する権利を与えられ、みずからの働きによって婚資を支払うことができるようになれば、「男」として一人もしくは複数の妻を迎えることができる。生物学的には女性である「夫」は妻（たち）と家族を構成し、妊娠については外部から男性を雇い入れて解決する。生まれた子供たちは一家の長である女性を「お父さん」と呼んで成長する——しかし、見たところユートピア的な物語に誤魔化されてはなりません。

たとえば「多産」で「精気」にあふれた作家と「不毛」な作家という比喩に見られるような

諸概念の総体、そこに折りこまれた価値体系こそが問題なのであり、その体系のなかで、男女の「差異」は不平等を黙認する「差別」に読みかえられて、おのずと「格差」を助長することになる。そもそも言語体系のなかに、性別に応じた二項対立的な表象のカテゴリーを内包しない社会など存在しない、とエリチエは断言しています。しかも、男／女、右／左、高／低、熱／冷、等々の対立関係において、肯定的な価値を男性に、否定的な価値を女性にふりわけるイデオロギーは、人類学の検証するところによれば、あらゆる社会に普遍的に見いだされるというのです――なるほど。でも、これでは「二本のネクタイ」問題は、解決の糸口すら見いだせないのではありませんか？

『差異の思考』の最終章「個人、生物学的なもの、社会的なもの――子をもつ権利と生殖の問題」は人類学の論文ではなく、著者の社会的な発言を収録したものです。一九八五年『ル・デバ』誌上に、ロベール・バダンテールによる「医学、生物学、生化学の進歩を前にした人権」と題した論考と、これに対する複数の論評が同時に掲載されました。バダンテールはミッテラン政権下で司法大臣として死刑廃止法を成立させた社会党の政治家ですが、弁護士で上院議員、パリ大学で二十年法学を講じ、現在は名誉教授。一言いわせていただくなら、わが国では政治の世界と知の世界が画然と仕切られて、人的交流も希薄なまま、一国の元首が安手の商業広告のように「革命」を謳っても、周囲はあきれた顔もせず、法的・政治的な概念や語彙の陶冶など配慮する機運すらありません！　やっぱり羨ましい……フランスならではの知識人といえそうです。ちなみに伴侶であるエリザベート・バダンテールのフェミニストとしての活動のほうが、日本では一般に知られているかもしれません。

議論の一部を紹介しましょう。生殖医療の発展により、親子関係をめぐる概念と法の規範は根本から変質する、というバダンテールの指摘に対し、エリチエはまず「子を成すこと」と「親子関係」を短絡させることとの危険を説いている。なるほど『差異の思考』の論文をここまで読んできた者であれば、生物学的な不妊に対処する社会的な処方箋をもたぬ社会は存在しない、という実感はおのずともっている。出産は自然に帰属する血の紐帯である一方で、親子とは社会的な約束事にもとづく紐帯なのであり、両者は解きほぐしがたく結びついた二つの概念ではないという見解も納得できる。要するに人類は医学の進歩により前代未聞の現象に直面しているわけではない、というのがエリチエの基本的な立場です。「ヨーロッパ人権条約」が保障する「生命への権利」や「プライヴァシー権」の一部とみなされる「自己実現」の願望などについて、社会人類学と法学のあいだには、微妙ながら無視できぬ立論の相違があることは、読めばなんとなく伝わってくるのですけれど、よほど本腰を入れなければ、高度な論点を分析することはむずかしそう。

社会的なもの（法はその「精髄」である）と自然に帰属するものとの境界や軋轢を精査することが肝要であり、一方から他方への安易なシフトは曖昧な思考を招くという教訓のみを反芻するにとどめ、ここは「二本のネクタイ」の寓話を再解釈して、あっさり終わりにいたします。わたしはバダンテールの論考を読んでいないわけですが、エリチエの論評は互角の議論、おそらくはより繊細な議論を提供しているのではないか、そう直感的に感じており、そのぐらいの感想を口にしてもさしつかえあるまいというほどの度胸を、最近ようやく身につけたところです。

同じテーマをめぐる法学者と社会人類学者の議論を見比べる機会が――まさに「二本のネクタイ」を見比べて、自由に好きな一本を選ぶような具合に――一冊の書物により与えられている。そこでは、やや理念的でリベラルで圧倒的な権威をもつ男性の視線と、フィールドで具体的な知見をたくわえ抽象的かつ原理的な論争にも堂々と切り込む聡明な女性の視線が交錯する。フランソワーズ・エリチエが、女性の体験と世界観を代弁していると確信できる細部は随所にありますし、日本で大学教師として男女格差を痛感しながら生きてきたわたしにとって、これはじゅうぶん感動的な風景です。

さて、感動して終わりにするのは、やっぱりやめて――妊娠・出産・家族について、あるいは生殖医療と人権について、あるいはまた少子化という「国難」（！）について、行政や立法や司法の現場であれ、研究機関であれ、男性が九割を占める組織で、しかるべき議論ができますか？　一割しかいない女性はたんなるアリバイか、せいぜいインフォーマントの扱いになってしまうでしょう。またもやふつふつと怒りがこみあげてきましたけれど、じつはおわかりのように、数字だけの問題ではないわけです。

このさい元気よく手を挙げて今度はネクタイじゃなくてスカーフにしましょうよ！　とか宣言する女性が、ぞくぞくと現れてもよさそうに思うのだけれど。求められているのは「指導的地位」に見合ったゆたかな知見と繊細で力づよい論理です。

2017.11.15

＊1　工藤庸子・蓮實重彥『〈淫靡さ〉について』羽鳥書店、二〇一七年。
＊2　フランソワーズ・エリチエ『男性的なもの／女性的なものI——差異の思考』井上たか子・石田久仁子監訳、神田浩一・横山安由美訳、明石書店、二〇一七年。

《Ⅳ》

性差のゆらぎ

若い女性編集者と仕事をするのは楽しいもの。打ち解けたところで、かならず質問するのは──「ところで男性と女性に能力差はないと思っている？」──「もちろんです！」と大抵は明るい微笑が返される。つづいて「わたしはねぇ、東京大学出版会からヨーロッパ文明批判三部作の二冊目を刊行して、初めて能力差という呪縛への疑念を抱き、スタール夫人に出遭って、初めて解放された」と述懐すれば「ふーん、そうなんですかぁ」という顔。たしかに今なら、男女の能力差など絶対にありません、むしろのびやかで創造的な女性こそ将来が楽しみ、と断言できるような気もするのです。これは二十代の若者たちを見て痛感することであり、同じような感想をもらす年長の人間は、じつは男女を問わず、少なからずいるわけです。

それにしても「呪縛」の源にある隠然たる「序列的性差」の力学が、わたしの個人的な妄想であろうはずはない。などと考えていたところで「日弁連、副会長に女性2人以上「クオータ制」導入へ」「最高裁判事で初の旧姓使用へ　来月就任の宮崎氏「当然」」という並んだ見出しが目に留まりました（『朝日新聞』二〇一七年十二月九日朝刊）。女性副会長については、何人中二人かというと、男女同数を前提とする「4人中」でもなく、指導的地位の女性比率達成目標三〇パーセントを想定した「6人中」でもなく、なんと「15人中」であり、しかも、この「クオータ制」による女性枠確保のために新たに二人の増員を定めてのこと。ちなみに現在、弁護士の女性比率は一八・四パーセントだそうです。この現状を「クオータ制」と名づけることが許されるわけ？　と批判的に見ている若い世代の弁護士は、少なからずいるにちがいないと想像します。新任の最高裁女性判事が戸籍名と旧姓の併記ではなく「旧姓での報道を強く求め」、旧姓使用を「当然だと思っています」と述べたという話は、まさに「当然です」と強く賛同しておきましょう。それにしても、このケースが「初の旧姓使用」だとは……両性の平等を謳った憲法のもとで、男女の能力差は「自然的」には全く存在しないという一般的な承認と、これだけ歴然たる「社会的」な格差とを、平然と共存させている日本とは、いったい如何なる国なのか。将来の世代のことを考えれば、ここで沈黙するわけにはゆかないのであります。

「序列的性差」とわたしが呼ぶのは、前回に紹介した人類学者フランソワーズ・エリチエによる「二本のネクタイ」の言い換えです。男性と女性は対等な選択肢として並置されているように見えるかもしれないが、じつはあらゆる二項対立的思考を貫く「序列化」の力学が作動して、女性は常に負の側に位置づけられるというのが、その要点（「Ⅲ 二本のネクタイ あるいは男女格差について」)。エリチエによれば、これは特定の社会というより人類全体に当てはまる一般法則であるとのこと。この指摘に寄り添うかたちで、みずからの実感にもとづく「性差のゆらぎ」という概念を素描してみたいと思います。

まずは昔話から。わたしは一九九〇年に東京大学教養学部にフランス語の教師として着任したのですが、女性教官（その頃は「教員」とはいわなかった）が初めて二桁になったのだから（三百人超の中の十人目です）、何か企画しようよ、という話がもちあがり、英独仏語の三名の助教授が「リレー講義」のようなものを立ち上げました。これを「性差文化論」と名づけたのは、まだ「ジェンダー」という言葉が定着していない時代だったから、そして「女性学」や「男性学」は「性」を分離して相互に「排除」するものとして捉える傾向があるからというのが理由です。当初は「えっ、セイサって何？」という感じでしたから、語彙の使用としても先駆的、と多少は自慢をさせていただいて。実績をもつフェミニストの方々も講師としてお招きしましたが、動物行動学、心理学、社会学、人類学、歴史学、体育といった具合に駒場キャンパスの研究室を探訪してあるき、男性教官たちに相談してアイデアをいただきながら担当を依頼。迷惑そうな顔をされたことは一度もありません（なぜ自分に頼まない、とむくれた方はおられたけれど）。

領域横断的なリレー講義を束ねる発想は、男女の「性差」を固定的なものとみなさないという一点のみ。たぶん三年目あたりに「性差のゆらぎ」というタイトルを掲げました。「排除」するのではなく相互に「浸透」するもの、無限に「変化」しうるものとして人類や自然界の性を考えようという意図です。階段教室の通路に座り込む者もおり、立ち見も出るほどの人気授業でしたが、この学期には、特別の雰囲気が漂っていた。社会的な問題については、まだ専門的な発言が得られる時代ではなかったのですけれど、今日の用語でいうならLGBTの自覚をもつ人、あるいはその傾向を感じている人たちがカミングアウトした。レポートなどで明確に話題にした人は少数でしたが、教室で並んで席に着いている男女が友人なのか、恋人なのか、意識化された同性カップルなのか、それなりに見分けがつくという新発見もありました。

そう、こんな懐かしい思い出もございます。個人研究室に突然あらわれた履修者に「先生もそうなんですかぁ？」と見つめられ、どきどきしながら——これがプルーストのVous en êtes?というシチュエーションだと妙に納得し——「いえ、わたしは男の人が好きですよ」と懸命に受け流したことがある。とびきりお洒落で美しい女子学生でした。わたしも四十代だったから、からかわれたのだろうと今では思っています。それはそれとして、あの頃から「性差のゆらぎ」は着実に、さまざまの場面で起きていたように思われます。わたしが組織の年長者になり始めたころに、パパになったばかりの若手教員が、今日はママが風邪を引いたから、ぼくが子供をお風呂に入れる、だから早く帰る、と宣言しました。それが言える環境になったということ、そしてここでは男性が臨時に「母性」を代行していることに注目したいと思います。つまり「母性」と「女性」を等号で結びつけるという慣習はゆらいでいないのです。しかるにわたしは人類学者エリチエと同様に、「母性」の大方は慣習にもとづく社会的なものの範疇に属し、これが社会的なものである以上、話し合いを重ねたうえで契約によって変更できると考えています。わかりやすくいえば、自然的なものである出産を除けば、男も女も子育てはできる、育児の苦手な人や上手な人は男にも女にもいる、というだけの話ですが。ところで「母性に目覚めた青年たち」とわたしが呼んでいる幸福な新世代は、たんに優しいパパ、開かれた「父性」ではなくて、とても好ましいやり方で「母性」の領域を侵犯しているのではないでしょうか。そんなことを、かつての男子学生にメールで書き送ったら、こんな返事が返ってきました——幼稚園にくるパパたちをみて、ときどき、母性的だなあと思っていました。おおげさにいえば、パパも（社会的）母性を行使する権利はある（笑）。

こんなほのぼのとした「性差のゆらぎ」がじわじわと社会に浸透してくれることを望んではおりますが、それにしても個別のエピソードが特効薬になるほど現実は甘くない。そもそもマイノリティはその定義からしても、ほんの小さな場所を占めているだけなのに、なぜかマジョリティの場所を侵犯しているとみなされます。民族であれ、宗教であれ、性の問題であれ、これは共通する現象です。そこでふたたび過去をふり返り、マイノリティという自意識にかかわる個人的な体験をご報告。女性が男性の領域を侵犯したという鮮烈な印象を覚えた、小さな出来事です。わたしが着任したころの教授会は、内職や雑談はご自由に、という感じで、いつもざわついていたのですが、ある日、人事提案のためにわたしがマイクを握ったとき、不意にしんと静まり返った！ 一瞬のことで、誰も気づきもしなかったかもしれないけれど、それなりに重要な案件について女性の声が何かを告げているという事態に、ひとつの組織がたじろいだ——そのように、わたしは理解し、記憶しております。

ちなみにこれは「女たちの声」をめぐるわたしの考察の根源に潜む体験でもあるのです。フランス革命期からナポレオン帝政の成立にかけて、スタール夫人は政治化したサロンを舞台に「声」による参加をめざした。「語られる言葉」と「世論」によって女性も政治に参画できると信じて闘った。現代日本の企業や大学の組織と比べてみると、二世紀以上も昔にサロンを主宰した女性たちが主体的に行使していた自由、その「声」の存在感は、途方もなく大きなものに思われてしまうのです。具体的な風景を描出してみたいとわたしが考えるのは、当然ではありませんか。

さて「リレー講義」のように盛りだくさんになりましたが、しめくくりに弁護士と裁判官の話題に戻ります。ここは譲れぬという一線を固定して、例外を認めぬかたちで権利を保障するのが「法」の仕事であるとするなら、これに対する変革の機運は「政治」が担うべきものといえるでしょう。それゆえ法曹界の女性と若き男女には、これからも地道な努力をつづけていただくとして、一方で「変化」をもたらすべき肝心の政治がねぇ、日本ではなんとも……（絶句）。そこでまたもや話は変わりますが、アメリカ大統領の妄動で勢いづいたイスラエルの首相がEUを訪れて、エルサレムに大使館を移すよう働きかけたとき、これを迎えて「要求を一蹴した」のはフェデリカ・モゲリーニ（スペインTVE、二〇一七年十二月十二日）。その日のどの国のBSニュースだったか、一つの場面にわたしは強く惹きつけられました。イスラエル側の席は黒ずくめ、EU側では複数の女性が中央に陣取って、交渉の机を挟んで対峙した。それだけの、一瞬の映像です。イラン核合意をはじめ、世界戦争の危機にかかわる重大な「交渉事」（声と身体のプレゼンスが問われる場）でモゲリーニがEU外相として実績を積んできたことは、自信にみちたふるまいと明晰な言語とたまにしか見せぬチャーミングな微笑にもあらわれている。洗練された四十四歳の「政治家」は、わたしのミーハー的チェックによれば「旧姓使用」、父親は映画監督で、軍人の子息と結婚し、二児の母であるとのこと。はるかなるヨーロッパでは「女たちの声」などという問題提起は昔話ということか。わたしは羨ましそうに溜息をつき、「人は誰でも考え、闘わねばなりません！」というスタール夫人の声らしき励ましの声を耳にします。

2017.12.19

《 V 》

両性具有——排除的分類ではなく

In our time Proust was wholly androgynous, if not perhaps a little too much of a woman.（現代でいえば、プルーストは完璧な両性具有、女性の割合がやや勝ちすぎているかもしれないけれど）——こんな名台詞を読むと、じんわりと嬉しくなりません？ 出典は、わが愛読書ヴァージニア・ウルフの『自分だけの部屋』ですが、この一言がジェンダーの歴史において画期をなすことの理由は、「近代的＝二元論的」な性差の概念を、いとも軽やかに廃絶してしまったから。そこで、引用をもうひとつ。

The best woman (is) intellectually the inferior of the worst man.（いちばん出来のいい女子でも、知性としては、いちばん出来のわるい男子に劣る）——これも同じエッセイのなかの台詞。といっても発話者はもちろん著者本人ではなく、ケンブリッジのさる大物教授だとか。こんな話がウルフにあるのよ、と友人の若い女性編集者に紹介すると、屈託のない笑いが返ってくるのだけれど、そしてウルフ自身もユーモアと皮肉がはじけるような文体でこれを書いているのだけれど、でもね、わたしとしては身に覚えがあるのです。

「プルーストが女にわかるか?」という、昔々、わたしが学生だったころ、雑談のなかで男子学生たちが得意気に口にしていた台詞。くり返し紹介しているのは、恨みがあるからでは全然なくて、その論理構造が客観的に興味深いから。そもそも女性は芸術の鑑賞者であるべきで、文学や詩の創造という主題はあまりに高踏的で理解できまいという、今日でも解消されたわけではない古色蒼然たる紋切型が透けて見えるのだけれど、それだけではない。なにしろ『失われた時を求めて』は「男性同性愛者」の書いた「芸術家小説」なのであり、したがって女性は性と知性において二重に排除されている、という理屈。つまり「男性同性愛」というのは二重に純化された男性性? プルーストは男のなかの男? 問題の男子学生たちが無意識に依拠していたと思われる見取り図を、とりあえず「排除的性差」×「序列的性差」によるジェンダー概念と定式化しておきましょう。

ウルフは多少とも両性具有的でない人間は、ダメだと言っているのですよ。「偉大な精神は両性具有」という表現は、コールリッジからの借用だそうですが、そのコールリッジを含め、人間と世界を理解した両性具有の王者はシェイクスピア。一方でワーズワースとトルストイは「男性の割合がやや勝ちすぎている」とのこと。ここで、ウルフさま、よくぞ言ってくださいました、という感じの、三つめの引用を。

It is fatal to be a man or woman pure and simple; one must be woman-manly or man-womanly.（男でしかない男、女でしかない女は救いようがない。だから男っぽい女、女っぽい男になりましょう！）

女性作家の軽いジョークを紹介しているわけではありません。『自分だけの部屋』が刊行されたのは一九二九年。イタリアではムッソリーニがファシズム体制を着々と築いており、ヒットラーの大統領選出馬とナチ党の躍進は三年後。テクスト上でもヨーロッパの政治的な緊張を横目で睨んだエピソードとして「両性具有」という話題が導入されているのです。著者にとって女性排除の二大巨頭はナポレオンとムッソリーニ。個人の性格や特質ではなくて、二元論的な近代を構築した人物とその延長上で人類の災厄を招こうとしている人物という位置づけです。「文学」に身をおく者として、男性中心的な「政治」と「歴史」をいかに批判し、相対化して、プルーストの体現する「文学」の尖鋭な革新性を、いかに際立たせるか。ウルフの称揚する創造的な「両性具有」とは、そのための戦略的キーワードにほかなりません。

ためしに「排除的性差」×「序列的性差」という定式の語彙を一部入れ替えて「排除的エスニシティ」×「序列的エスニシティ」としてみましょう。同じ論理、同じ力学によって、ヨーロッパが国民国家の内部からユダヤ人という他者性を析出したことが想像できるはず。さて唐突ながら、ここで読みおえたばかりの樋口陽一『抑止力としての憲法』【*1】からカール・シュミットにかかわる段落を抜書きしてみます。

ホッブスにおける「万人の万人に対する闘争」の主体は個人であり、その彼にとって「友」

はなく、「万人」が「敵」同士であるほかなかった。そしてまさしくそのことが、「万人」の間の和平を求めることに結びついていた。それと対照的に、シュミットは、「友・敵」関係の中に集団を登場させた。彼が好んで言及する集団が教会と労働組合、より基本的には階級である間は、「友・敵」関係は流動する可能性のもとにおかれている。それに対し、ひとたびartig（種的）なもの――種類、ジャンル、ジェンダー――の間の「友・敵」が問題となると、敵対関係は固定する。さらに特定的に、völkisch（純ドイツ民族であること）なものに対置された「ユダヤ人」は、一体として否定されることになる。「最終解決」「根絶やし」、ことばの正確な意味での*geno*-cideは、その帰結であった。

二つのことを考えました。第一に、特定の集団のアイデンティティを排除的な分類によって描出し、根拠づけるプロセスは、それ自体が権力的な行為であり、これに集団のアイデンティティと個人のアイデンティティを同一視するという強制力が伴えば、恐怖政治や全体主義的な運動へのエスカレートは避けられない。これに対し、プルーストの世界においては、バルザックの登場人物がそうであったように「個」は「集団」の代表ではないし、そもそも特定の所与により個人のアイデンティティを描出するという作業からこれほど遠い近代小説は前例がないともいえる。それゆえ『失われた時を求めて』の夥しい登場人物を異性愛や同性愛やバイセクシャルやトランスジェンダーなどの男女に分類整理して考察することは、ウルフのような両性具有的思考からすれば、やや物足りない作業とみなされるかもしれません。いっそのこと、シャルリュスひとりの肉体に秘められた底知れぬ両性具有性——分類を拒む性——にひたすら魅入られる場に留まったほうがよい……という脱線は、ここまでとして。

第二に、だからといってプルーストとともにウルフやコレットなどの名をあげて、世代的にはカール・シュミットよりやや年長でありながら、これらの作家たちは早くも全体主義的な排除的思考を乗り越えていたと吹聴することには、あまり意味がない。紹介したテクストにつづく問題提起は「シュミットにとって決定的に重要だったのはつまるところ、単一・不可分の政治統一体を創り出し維持するための決断それ自体だったのではないか」というもの。この疑問に対し『抑止力としての憲法』の著者は、シュミットは「具体的法的判断」においては「内容を問わない」決断主義に走ったという批判で応えています。この「決断」を迫られるのは、とりあえずは「政治」であって「文学」ではない。意見さえ求められず「決断」の主体という資格すらもたぬらしい「文学」は、それでもつねに「具体的な内容」を問いつづける、とここで言い添えておきましょう。

ところで、ひとたび「政治」という枠組みが設定されれば、小説は近代的なアイデンティティの問題を超克してしまったなどと嘯《うそぶ》くわけにはゆきません。個人のアイデンティティが定義されなければ「政治」も「法」も国民を保護することはできない。たとえ虚構であろうと、特定の場面ではユダヤ人と非ユダヤ人の境界線は引かれなければならない。だからこそ、男と女が同居しているのではなく両者の境界線を溶解させてしまったシャルリュスは、存在様式そのものが違反的なのだ……とこれも指摘するにとどめます。

そろそろ「文学」や「政治」という枠組みをはずし、気儘に「両性具有」の探索をつづけましょう。まず思いつく問いは——「両性具有」の女性代表といえそうな人は？　ウルフとコレットがプルーストと同世代でドレフュス事件の時代に生きたことは偶然ではないと思われますし、ウルフの夫、コレットの三番目の夫はユダヤ人です。一方でナポレオンに対抗したスタール夫人は当然ながら「両性具有」だったとわたしは確信していますが、二十世紀でいえば、筆頭はハンナ・アレント。なにしろ一週間ほどまえにエリザベス・ヤング＝ブルーエルによる浩瀚な評伝【*2】（二段組六三〇ページ！）を読了し、まさに「脱帽！」したところなのですから、自信たっぷり、一方的に宣言しておきます。いろいろと考えるところはありますが、当面は兆候、あるいは状況証拠のみをメモ。

第一にアレントはヘビー・スモーカーで若いときに「黒いハバナ葉巻」なんかをふかして、最初の夫ギュンター・アンダースはたいそう嫌がったとのこと。

第二に二番目の夫ハインリヒ・ブリュッヒャーは非ユダヤ人でありながらアレントに同伴してアメリカに亡命し、ひたすら話し言葉によって、つまり書き言葉は妻にまかせ、ゆたかな知的共同体を育んだ。歴史に例がないほど絶妙な「両性具有」的カップルだったと推察されるのです。

第三に、そしてこれが長い時間をかけて考察すべき論点の予告となるはずですが、アレントの思考は「三拍子」です。シュミットの加担してしまった「友・敵」関係が強固な排除的二元論を構成することを思い出していただきたい。対するユダヤ人亡命者アレントは、書物も三部構成、キーワードも三つ――『全体主義の起源』が『反ユダヤ主義』『帝国主義』『全体主義』から成ることはいわずもがなだけれど、それ以前に「政党・運動・階級」という論文を書いている。かりに書物の章立てが三部構成になっていなくとも、「労働／仕事／活動」「私的領域／社会／公的領域」「判断／思考／意志」といったキーワードの布置が――ヘーゲル的な弁証法の論理を遠ざけて――柔軟で強靭な思考の場を保全しているように思われます。時間の感覚も然り。「過去と未来の間の裂け目」にカフカ的な「現在」があらわれて「過去／現在／未来」という「三拍子」が編成されるプロセスは『過去と未来の間』の幕開け、美しい「序」の文章に記されています【*3】。

2018.1.16

*1　樋口陽一『抑止力としての憲法――再び立憲主義について』岩波書店、二〇一七年、八頁。
*2　エリザベス・ヤング＝ブルーエル『ハンナ・アーレント伝』荒川幾男・原一子・本間直子・宮内寿子訳、晶文社、一九九九年。
*3　ハンナ・アーレント『過去と未来の間』引田隆也・齋藤純一訳、みすず書房、一九九四年。

《VI》

わたしたちの社会的アイデンティティを剝奪しないでください

――選択的夫婦別姓

ジャンヌ・モロー主演、ルイス・ブニュエル監督『小間使の日記』の一場面。女物のブーツをフェティッシュとして愛玩する富豪の老人が、雇い入れたばかりの美しい娘に「セレスティーヌか、素敵な名前だ……ところでマリーと呼んでもかまわないかね……」としつこく迫る。当のセレスティーヌは、雇い主の連中はなぜか決して使用人を本名で呼ばないという妙な癖をもっている、あたしなんか、ありとあらゆる聖女さまの名前で呼ばれてきたんだからね、とむかっ腹を立てる――原作のオクターヴ・ミルボーの小説にしかない内面の台詞だけれど、ジャンヌ・モローの顔にちゃんとそう書いてある。伝統的な社会において、使用人は適当に、勝手な思いつきのファーストネームを押しつけられ、姓はもたぬかのように扱われたのであり、セレスティーヌ・R嬢が使いそうな語彙ではないけれど、これは個人の「尊厳」にかかわる問題です。

ところでブルジョワ階級の既婚女性の姓と名の関係はきわめて複雑であり、ヨーロッパ近代小説を読んできた者としては一冊の本が書けるぐらいのネタはありますが、皮切りの話題は、既婚男性の姓と名の関係から——と言っただけで、多くの方が思い当たるはず。ひと月ほど前（一月九日）のことですが、日本人同士の結婚で、夫婦別姓を選択できないことは憲法違反だとして、国に一人あたり五十五万円の損害賠償を求め、東京地裁に訴状が提出されました。大きな反響を呼んでいる理由の一つは、原告が男性であったから。つまり、この不意打ちの意外性が図らずも、不利益を被るのは所詮は女性であるという大方の人が黙認する了解そのものを改めて露呈させたから。もう一つ興味深いのは、夫婦同姓は「女性差別ではない」（?!）とした二〇一五年十二月の最高裁判決を覆すという勝算の少ない闘いはやらぬという原告側の戦略です。日本人と外国人が結婚する場合には別姓にすることができるのだから、日本人同士の結婚について同じことが許されないのは、法の下の平等に違反するという主張。「民法七五〇条」は憲法で保障された権利・自由を侵害するという前回の主張と異なり、「戸籍法」の矛盾を突くというわけ。なるほど、法廷闘争というのは、そんなふうにやるものなのですね。ご健闘を祈ります。

じっさい姓名の問題は、原初において「戸籍」の問題でありました。フランスでいえばカトリック教会が洗礼の台帳によって人の生死や婚姻を管理していたアンシャン・レジームが革命によって崩壊し、世俗化された国家に国民生活の管理権が託されたとき、近代の「市民社会」が「戸籍」とともに誕生した。ひとまずこの大ざっぱな見取り図を提示したうえで、既婚女性の姓と名の関係に話は戻ります。

「エンマ・ボヴァリー」という女性は『ボヴァリー夫人』のなかに存在しない、という驚くべき事実を初めて指摘したのは、あの蓮實重彦『「ボヴァリー夫人」論』（筑摩書房、二〇一四年）でありますが、なるほど作品中には「ボヴァリー夫人」と呼ばれる女性がシャルル・ボヴァリーの母親と初婚・再婚の妻と三人もいる。一方でヒロインは親族からは「エンマ」と呼ばれ、一歩家の外に出れば「ボヴァリー夫人」であって、ただの一度もテクスト上で「エンマ・ボヴァリー」と名指されることはありません。そのような言葉の存在あるいは不在を凝視すべき分析の水準を「テクスト的な現実」と名づけて『「ボヴァリー夫人」論』の議論は展開されてゆく。

ただし、わたしの話はここで脱線し……たぶん生身のエンマは本当に「エンマ・ボヴァリー」と呼ばれたことは一度もなかったのですよ。わたしであれば、家のなかではヨウコ、外ではクドウ夫人（＝クドウ某の妻）であって、クドウ・ヨウコとして社会的にフルネームで認知されることはない。十九世紀ヨーロッパの既婚女性たちが、おそらく例外なく経験したであろうこの途方もない言語環境を、なんとか説明しようとして、わたしはこう言ってきた——「親密圏」ではファーストネーム、「公共圏」では夫の姓。姓と名のあいだには亀裂があって、これは既婚女性が夫の所有物であり、主体として社会的に行動することが想定されていないことの証ではないか、と。

でも、なんだかすっきりしないなあ、と思い暮らしているところで、ハンナ・アレントの『ラーエル・ファルンハーゲン』【*1】を読みました。文字通り「市民社会」の黎明期、ベルリンでサロンを主宰してロマン主義を牽引した女性の伝記です。タイトルの姓名は「エンマ・ボヴァリー」と構造的に同じですが、ただし、一七七一年生まれのラーエルがこの姓を名乗るのは四十三歳のとき。ユダヤ系のレーヴィン家の娘に生まれ、三十九歳で非ユダヤ的な響きのラーエル・ローベルトに改名、四年後に洗礼を受けてフリーデリーケ・ローベルトになり、この名でファルンハーゲンに嫁ぎ、とりあえず姓名のユダヤ性から脱出したというわけです。じっさいに、親族や友人たちが彼女をどう名指していたかは判然としません。「同化ユダヤ人」として生きるという課題は、著者アレントも共有していたはずですが、わたしが想像してみたいのは「姓と名」とは要するに何なのか、いかなるインパクトをもつものとして本人や周囲の人に実感されていたのかという話。

そこで「公共圏」と「親密圏」の齟齬という二元論的な解釈はいったん取り下げて、こう考えてみました――ラーエルはフルネームで社会的に認知されることを強く願った女性であり、そのような個人的願望と言語的感性において、わたしたちの姉妹である、と。そう確信したのは、大島かおりさんの「訳者あとがき」に、ラーエルは家での集いをサロンではなくGesellschaftと呼んでいる、という指摘があったから。そうでしょう！　スタール夫人はラーエルより五歳ほど年長で、パリや旅先のベルリンで同じ時代の空気を吸っていたはずなのですが、やはりサロンではなくsociétéという語を好む。

強調されているのは、来客に提供される「空間」ではなくて、人と人が主体として交わり肉声で語り合う「活動」なのであり、さらにはそこに生じる社会的なものであると思われます。つづいて『人間の条件』を参照し、近代に形成されたという「社会的領域」と古代からの対立概念である「公的領域」と「私的領域」にかかわる三点セットの議論を紹介しようなどという野心は今のところありません。それはそれとして、ハンナ・アレントが国民国家の揺籃期における個人と社会との関係を追体験するために、ひとりの女性に一体化して書いたのが『ラーエル・ファルンハーゲン』であると断言することはできそうです。

さて、そんなことをあれこれ考えながら、要するに「姓と名」が対になって初めて個人が社会的な存在として認知される、「エンマ」と「ボヴァリー」が、あるいはヨウコとクドウがしっかり結びついていないと、いったい誰なのか「社会人」として確定できなくなるわけ、それに成人してからの名前は「選ぶ」ものであって「強制」されるものではない、ましてや現在わが国で許容されている通称と戸籍名の併用なるものが、いかに法的な意味で不安定であり、しかも煩瑣で混乱を招き、物理的・精神的な負担となることか、これはアイデンティティの危機ですよ、現代日本はまるで「姦通小説」の時代のヨーロッパ、やっぱり個人の「尊厳」の問題でしょう、などと呟いておりましたとき、あるトーク・ショーで、ある映画の長い一場面を観てしまいました。

ヒロインは「谷川高子」という名の逞しく美しい港湾労働者。一目ぼれしたひ弱な若社長が、きつく振られた腹いせに、「谷川高子」と記した安っぽい名札を奪って逃げた——それってフェティッシュ？　だったら、それこそハンカチとかブーツとか、それらしいものを更衣室で盗むこともできるでしょうが！　そこで美しい港湾労働者は、プラスチックの名札なんて、どこかで落としたと思えばいい、とは考えず、奪還するために社長の事務所になぐりこみをかけ、バッタバッタと警備員をなぎ倒し、なぐりつけ、投げ飛ばし、一〇分もの爽快な乱闘シーンの果てに——その問わたしは、でも、なんで名札なの？　なんで？　とひたすら焦っていたのだけれど——ついに問題の名札を握りしめたひ弱な若社長を追いつめた。背景は海。

黒沢清監督が東京藝術大学の大学院生たちと一緒に製作した『ビューティフル・ニュー・ベイエリア・プロジェクト』（https://jfdb.jp/title/3817）という作品だそうですが、たぶんヒロインの社会的アイデンティティとかいって理屈っぽく小説の分析なんかやってきた人間は、映像の迫力にはまりやすいのでしょうね。谷川高子さんの目の前で、ひ弱な若社長が長い大きな舌を出して白い小さなフルネームの名札をぺろーりと舐める瞬間に、わたしも思わず内心で叫んでおりました——あたしを舐めないでください！

2018.2.15

＊1　ハンナ・アーレント『ラーエル・ファルンハーゲン——ドイツ・ロマン派のあるユダヤ女性の伝記』大島かおり訳、みすず書房、一九九九年。

《VII》

女たちの声

これは、わたしの生涯の研究テーマ。といっても出遭ったのはそう昔のことではなくて、「近代ヨーロッパ文明批判」三部作【*1】の第二作の終章に「女たちの声」というタイトルをつけてみたのが、新しい自覚の始まりでした。学生のころから親しんできた『ボヴァリー夫人』の周辺にさまざまの「姦通小説」を配し、政治と宗教、人の掟（民法）と神の掟（教会）という対立軸によって構成された社会秩序の内部で小説を読み解くことが、著作の意図だったのですけれど、書いているうちに、しだいに欲求不満になってきた。どうしてわたしはこれほど忠実に、男の視点、男の立ち位置、男の世界観をなぞるような作業ばかりやっているの？　とだんだん腹が立ってきて、これぞ女の視点、女の立ち位置、女の世界観、よくぞ言ってくれました、と応答できるような女性作家はいないものか、という探求の意欲がムラムラとわいたのですが、ついに発見したという確信が得られたのは、第三作を書き終えたときでした（「読むこと」はしばしば知識の習得でしかないけれど「書くこと」はときに真の体験となる）。

つまり「女たちの声」と今のわたしがいうとき、それはとりわけ「スタール夫人の声」であり、こめられた意図は何よりも政治的なもの――なにしろスタール夫人はフランス革命勃発時の大臣ネッケルの娘なのであり、フランスのみならず英国・ドイツ語圏・イタリアなど、ヨーロッパの諸国民にかかわるフィクションや評論を書くときには、その地で「女たちの声」を「公的な領域」に送り届ける仕掛けが機能しているかどうかに必ず言及する。これは「世論」と「代表」をめぐる問題を、女性が自ら関与する政治的課題として語った初めての例であると思われます（誰もが知るように「声」voixは選挙の票や投票権も指す）。

というわけで日々のBSのニュースを観ても、真っ先に気にかかるのは、公的な領域における女性の身体的なプレゼンスです。三月十四日、ドイツ連邦議会でメルケル首相が再選されて、ようやく新政権が誕生しそうですけれど、閣僚の女性比率はどうなることか。ご存じのように、フランスのマクロン政権は、数字のうえでは完全な「男女同数《パリテ》」を達成している。ただし女性閣僚の大半が「女性の権利省」など女性に特化した分野を担当する現状は、アリバイ工作が透けて見える、という批判もあるらしい。もしかしたらドイツのほうがプレゼンスは実質的なのかもしれません（日本の現状を思うとほとんど絶句するけれど、でも、絶句している場合ではない）。

圧倒的な存在感を見せるのは、与党ドイツ・キリスト教民主同盟（CDU）副党首のウルズラ・フォン・デア・ライエンで、国防相の続投が確実視される人物（五十九歳、洗練された凛々しい女性)。メルケル首相の後継者として俄かに注目されるようになったもう一人の女性は、アンネグレート・クランプ＝カレンバウアー(五十五歳、信頼できる友人であるというメルケル首相と同じタイプの好感のもてる安定型)。たしか二月の半ば、記者団のまえで党の新幹事長候補として紹介する場面だったか、メルケル首相が、もしこの人が幹事長になれば女性で初めて、と言った瞬間の反応が面白かった。えっ?　という感じで一瞬その場が固まり、首相はキョトンとして、何かドジやった? という表情を見せてから、照れくさそうに破顔一笑。じつは初代の女性党幹事長はメルケル自身でありました。昨年九月の総選挙後五ヵ月にわたる紆余曲折の末、三月四日の党員投票の結果を受けてようやく大連立を組むことになったドイツ社会民主党(SPD)は、新体制の党役員六名はまだ発表できないが、男女同数三名ずつになるだろうと発言。ニュース報道ですらない、こういう普通の光景も——集団の社会的なバックグラウンドが一瞬露呈するという感じで——切実に羨ましいですよね。

さて「女たちの声」という主題には、とりあえず三つのアプローチが想定されており、政治的なものにつづく第二の切り口はメディア論的、そして第三は唯物論的な考察です。「声/文字」「語られる言葉/書かれた言葉」「パロール/エクリチュール」といった具合に対立的に分類された言語の様態に関し、男性と女性は歴史的に同じかかわり方をしてきたか? 同じでないとしたら、いかなる差異があるのだろう? 考えてみたこと、おありでしょうか?

もちろんわたしも最近まで、そんなこと考えたこともなかったのだけれど、ヴァージニア・ウルフは、さすがですね。女性というテーマの講演を頼まれて大英図書館に調べに行ったところ、ともかくあらゆる職種のあらゆる分野の専門家を称する男性たちや何の資格があるのかもわからぬ男性たちが饒舌に女性について語っていることにまず呆れ、女性が女性について語った本が見つからないことに愕然とした、と皮肉たっぷりに語っている（『自分だけの部屋』）。近代ヨーロッパにおいて出版物に託される知の言説は――抒情詩や恋愛小説などの創作や女子教育など例外的な分野はごくわずかあるものの――ほぼ一〇〇パーセント男性のものだったのだから、当然といえば当然ですが、ともあれ冒頭で述べたわたしの欲求不満は、正確にウルフの憤懣に合致します。ちなみに今日、わが国の研究者の女性比率はざっくりした数字で一五パーセントだそうですから（その大半は助教・准教授など若手のはず）、日本の大学図書館の収蔵する知の言説の男女格差は一世紀前の大英図書館のそれとあまり変わらないでしょう（とはいえ一冊の本を書くことさえ容易ではない。でも、ここで諦めたくはない）。

もともと女性は口語の領域においては実績をもっていたのであり、戦略的に見れば比較的攻略しやすい「話し言葉」の領域をおろそかにしてはならぬというのがスタール夫人の教訓です。「サロン」すなわち複数の人が交流する小さな「社会」（société, Gesellschaft――これらの語彙については前回を参照）は、女性が「会話」の主導権を握って「公的な領域」に「声」を送り届けるために死守しなければならない場であると。ハンナ・アレントが政治的な言語を「スピーチ」と呼んで、その口語的でパフォーマティヴな側面を強調するのは偶然ではない。その根幹にはスタール夫人と同時代のサロニエール（サロンを主宰する女性）について体験話法的な文体で伝記を書いたという経験があるにちがいない（『ラーエル・ファルンハーゲン』）。そうわたしは考えているのですが、この大きすぎる問題は、いずれ「文語体」で考察したいと思い、当面は棚上げにしています。

ここで「メディア論」と「唯物論」の狭間に位置する話題を一つ。電子的なメディアが普及して以来、じつは「声／文字」「語られる言葉／書かれた言葉」「パロール／エクリチュール」という二分割自体が揺らいでいるとも感じています。そもそも電子媒体については「書かれたものは残る」Scripta manentとは保証できないし、たとえばSNSは男性中心的・ロゴス的な権威主義が無効化される言語空間ではありませんか？　つまり言語的な水準においては、男女格差の歴史から解放され、発話者の性別（そんなものは捏造できる）すらあいまいな両性具有的空間ではないかと思うのです――ただしこれはウェブ空間に流通する情報が、しばしば差別的・暴力的であるという事実とはまったく別の話。このブログにしたって、口語的でもなく文語的でもない。論理の構築をめざすのではなく、テーマからテーマへと方向を変えながら表層を滑ってゆく。だからって無責任に思考しているわけではないけれど、とりあえず書物という紙媒体の構造的な厳めしさから解放された自由を存分に享受しています。

というわけで最後の、というかメインの話題は「声」そのものの物質性について。二カ月ほど前、たった二行のメールが届きました。今しがたウルフの声を聴いたので、という言葉とサイト情報のみ。差出人は、わたしがヴァージニア・ウルフに魅せられていることを知る旧友のNさん。英文科を卒業した彼女とは肝胆相照らす仲であり、今回もウルフの誕生日（一月二十五日）にちなむBBCの番組がきっかけで、いつものように電話の長話となりました。

以下はその要点。

K　惚れ惚れしました。深みがあって繊細で、温かいけれど人を寄せつけない、孤独で聡明な声。自然に造形されるのかな、その人の身体から出てくるときに。

N　いいでしょう？　でも声を聴いて納得できない作家もいる。コレットの声には感動しないと、あなた言っていたじゃない。ちなみにウルフの声は、これしか残っていないらしい。一九三七年にBBCで放送されたものですけれど。

K　八十年前か、そう思うとなおさら冥府から響いてくるみたいね。テクスト付きのサイト（https://ebooks.adelaide.edu.au/w/woolf/virginia/w91d/chapter24.html）を探し出したのだけれど、この文章、好きだなあ、…Words, English words, are full of echoes, of memories, of associations — naturally. しかもウルフ本人の声で肉付けされて。この人が『ダロウェイ夫人』を読んだら、さぞ素晴らしいでしょうね。

N　よく言われる「意識の流れ」Stream of consciousnessを音声的にどう表現するかって話でしょ。内面の情感や思考にかかわる言葉と外界を描写する言葉との連続性とか、面倒なこと考えなくても、読んでもらえば一瞬でわかる気がする。わたしもそう思うわよ、ウルフは本質的に、、、声の作家だと。

K　フローベールはちょっと違うんだな。有名なgueuloirというのは「がなり立てる」gueulerという動詞からつくった言葉だってこと知ってるわよね。草稿片手に書斎をのしのし歩き回りながら、ひたすら大声で読む。作家の「朗読」と捉えている研究者もいるけれど、あれは即物的に「音」の効果を確かめているのであって、何かを表現する「声」なんかじゃない。つまり声と文字、パロールとエクリチュールの親密な関係は、いったん切断されている。フローベールの「散文」はそこから、その亀裂から、何かまったく新しいプロセスによって編みだされたのだと思う。『ボヴァリー夫人』の朗読CDは山ほどあるけれど、どれも納得できないのは、たぶんそのせい。フローベール自身も読めないテクストじゃないかな。もっともフローベールの声は、たぶん普通のオジサンよ、聴きたいとも思わないけど。

N　その話は長くなりそう（笑）。それにしてもあなた、ウルフが好きだって言うわりには、ちゃんと読んでいるのは二冊だけ。もちろんウルフほどの作家であれば、一つのセンテンスでも、一つの単語でも、うっとりして世界観まで変わる、というのはわかりますよ。たとえば「両性具有」とか、ね。だけど、今日、ウルフにかこつけて電話してきたのは、別のことをしゃべりたかったんじゃない？

K　はい、ウルフは追々読みます。じつはね、「スタール夫人の声」がわかったの。

N　さすがに録音が出てくるはずはない。それで？

K　サロンの会話で惜しげもなく見せる爽快なエスプリとか、王党派の大物相手にやった堂々たる政治論争とか、いろんなエピソードがあるんだけれど、義理のいとこに当たる知的な女性がね、スタール夫人の声の音楽性について「何かしら天上的なもの」quelque chose de céleste があると書いているの。スタール夫人は晩年に息子ぐらいの歳の青年と再婚しているのよ。その青年はね、戦争で重傷を負ってふらふらしているときに、スタール夫人に二言三言なぐさめの言葉をかけられただけで、生き返ったみたいになって、ぼくはこの女性と結婚するぞ、と決心した——という話が、一族に伝わっているらしい。こんな話もある。スタール夫人よりやや年長の著名なサロニエールが、もしわたしが王妃だったら、絶えずわたしに話しかけなさい、とスタール夫人に命令する、と言ったとか。想像できる？

N できるわけないでしょ！　でも、たぶん男心をとろかす妖艶な声なんかと全然違うのじゃないかな。かといって銀鈴のような澄んだ声でもない。ジャンルとしてはウルフ型と言いたい？

K そう、当然そういうこと。声と感性、声と知性との幸福な連帯のようなもの——サロニエールでもあったスタール夫人の文学の源泉は、そこにあると。サント＝ブーヴなんか、やっぱり男の人ですから（笑）、スタール夫人における「会話の文体」なんて言うんだけれど、それじゃあ、全然面白くないじゃん……。

N はい、わりと高級なところに着地しました。次回は電話じゃなくて、ランチにしましょうよ。

2018. 3. 18

＊1　『ヨーロッパ文明批判序説——植民地・共和国・オリエンタリズム』東京大学出版会、初版二〇〇三年、増補新装版二〇一七年。『近代ヨーロッパ宗教文化論——姦通小説・ナポレオン法典・政教分離』同、二〇一三年。『評伝　スタール夫人と近代ヨーロッパ——フランス革命とナポレオン独裁を生きぬいた自由主義の母』同、二〇一六年。

《Ⅷ》

続・女たちの声——六七年の記憶

若き友人でもあるところの女性編集者と差し向かいで御馳走を食べながら編集会議を兼ねたよもやま話をやっていたときのこと。先回のブログを読んでくれたその人が、働く女性は声が低くなるって、統計的にも証明されていること、ご存じでした？　と切り出しました。

あ、それそれ、教えて頂戴。わたし、以前からそう思っていたの。身に覚えがあるんですから。女子大から男ばかりの大学に移って、わたし、確実に声が低くなった。このブログでもどこかに書いたと思うけど（Ⅳ性差のゆらぎ）、男性ばかりの会議で初めて女性が無意味ではないことを発言しようとすれば、目に見えぬ小さな衝撃が走る。もちろん居合わせた男たちは、空気が凝固する一瞬の感覚なんか、覚えていませんよ。でも、わたしは、男ばかりの大学に着任してから何年か、いつでも男ばかりの会議に出席していたのだから、発言のコンテンツが無意味な注目を浴びぬようにするためには、高い声で逆撫でしないのがいちばん、と思ったのでしょうね、無意識のうちに意識的に、としかいいようがないのだけれど、いつのまにか低い声で話すようになりました。

と、一気にしゃべったところ、その人は自分も声の高さにふと違和感を覚えたことがあると述懐し、要点を以下のように説明してくれました。要するに、日本の女性は「世界一声が高い」のですって！　そしてドイツの女性は「声が低くなった」とのこと。周波数でいうと世界標準の男性の声の平均は一一〇ヘルツ、女性は二二〇ヘルツ（その差はほぼ一オクターヴ）だそうですが、ドイツの女性は平均一六五ヘルツであると。もっとも低いのは北欧だそうで、おわかりのように厳正な事実として、女性の社会進出と声の低さは連動することが統計的に証明されたことになる。情報源は久保田由希さん（ベルリン在住のフリーライター）のブログ。調査結果が発表されたのは、二〇一八年一月十八日の『ターゲス・シュピーゲル』。

それにしても、上記の三つの数字は示唆的です。ドイツの女性の平均は、奇しくも世界の男女の平均になっている。ヨーロッパの安定と世界の平和に貢献する責任があると自覚する女性がＥＵ諸国には多数おり、若々しい中間層がこれを支えていることが、この数字からも実感されるではありませんか。だって、メルケル首相が銀の鈴のような乙女チックな声で、アメリカやロシアの大統領に電話したら、やっぱり笑ってしまうでしょう？　声の周波数を決定する要因がなんであるのか、体型とか、ホルモンとか、諸説あるらしいけれど、わたしとしては――よっぽど時間があれば――性差をめぐる環境の変化と女性の声の関係を本気で歴史的に考察したいところです。

ちなみに、こんな個人的な思い出も——以前に同窓会で昔々おたがいに憎からず思っていた人に何十年ぶりかに会ったところ、その男性は、わたしの声が低くなったと失望の色を露わにした……でもね、あなたの凍結された乙女幻想に応える気は全然ないの、とわたしはすげなく内心でつぶやきました。人生の時は移り、時代も流れ、性差の規範も変化する。女は女らしく、男は男らしく、と説得あるいは強要しながら、性的な差異を極限にまで拡大させ、制度化したのは十九世紀ヨーロッパのブルジョワ社会です。公共圏と親密圏での男女の棲み分けが奨励され、男と女の服装や髪形や帽子が徹底的に差異化され、そして男性は一〇〇ヘルツ、女性は二五〇ヘルツでしゃべっていた……。

むろん数値は空想だけれど、ありそうな話じゃありません？　最大化された性差を縮小させたという意味で、ドイツの女性の声は立派だと思う。ちなみに、これを「女性の男性化」と捉える向きもあるでしょうけれど、それこそ自分の立ち位置を普遍的な基準とみなす男性中心主義の典型でありましょう。

さて歴史的な考察ということで、ちょうど半世紀前、一九六八年の前後を後半の話題にしてみます。この時期に「性差をめぐる環境の変化」が世界的なスケールで起きたことはまちがいないのですけれど、随想のきっかけとなったのは、たまたま届けられたボーヴォワールの新刊書、そしていつものように机上にあるアレント。

『第二の性』？　あれは面白くない、昔の本でしょ、と言下に否定的な言葉を返してきたのは、英文科を卒業した永年の友Nさん。たしかにイギリスにはブロンテ姉妹もジェイン・オースティンもいるし、なにしろヴァージニア・ウルフがいるものねえ。フランス二十世紀に足跡を残した女性といえば、コレット、ボーヴォワール、そしてシモーヌ・ヴェイユ。思い返せば半世紀前には、ボーヴォワールが圧倒的な存在感を見せ、コレットは大学の研究には値しない大衆作家とみなされていた。そしてボーヴォワールと同世代のシモーヌ・ヴェイユが日本の若い男女を惹きつけるようになったのは、むしろ最近のこと。つまり、わたし自身はボーヴォワールを読む世代の仏文卒業生として出発したのであり、「女たちの声」が生涯の研究テーマです、などと公言した以上、そのことを忘れてはいけないという気はするのです。

なんだか屈折した導入になりました。まず以下のことを確認しておきましょう。『第二の性』の原典は終戦直後の一九四九年刊。わたしは学生のとき新潮社の文庫本（生島遼一訳）を読んだわけですが、その後一九九七年に、旧訳の問題点を指摘し周到な注や用語解説を付した新訳【*1】が、同じ出版社から堂々たるハードカヴァーで刊行されたとき、これでようやく女性の本が女性のものとなったという感慨を覚えました。一九八三年に日仏女性資料センター（日仏女性研究会）が設立され、その内部に置かれて「『第二の性』を原文で読み直す会」と命名されることになる活動の、永年にわたる研鑽が実らせた成果です。

だからね、とわたしはここで急に声色を変え、内心でNさんに語りかけます。一冊の本は一冊の本のままに留まることはないと思うの。例外的な「女の声」のプレゼンスが感じられる本には、かならず「女たちの声」が応答する。この本を、自分たちで読み直し、議論し、正しく紹介しましょうよ、という呼びかけが、たとえば『第二の性』をめぐって、大学の周辺でなされたのだと思う。それこそ世界各地の大学の周辺で。

ここで思い出話をひとつ——どこかで話したことがあるけれど、わたしが某大学の初習フランス語の教室に初めて入っていったとき、たぶん男子校出のお馬鹿さんが「ワオ！女だー！」って叫んだんですからね。語学の教室でさえ女性が教壇に立つことが異様とはいわぬまでも「ワオ！」ではあった時代が、さほど遠からぬ昔の日本にありました（あの教室の若者たちは今、日本社会の現役エリートです）。大学院の学問が女人禁制だったわけではないけれど、わたしの世代の数少ない女性研究者たちが、読書会のような教室外の活動を拠り所にしたこと、口語的なやりとりによって醸成される連帯感を大切にしたことには、それなりの理由があったといわざるを得ない。そうした活動の頼もしい中核となり得た書物が『第二の性』でした。これは忘れてはならぬ歴史の事実です。

で、いつになったら「ボーヴォワールの新刊書」が出てくるわけ？と誰かに叱られそう——『モスクワの誤解』【*2】は一九六六年から翌年にかけて執筆された中篇小説ですが、今年の二月に本邦初訳が出たところ。むずかしい話はいっさいないから入門に最適、ただし、あくまでも入門であって、この先は各自で読書の幅を広げてほしいな、という感じの書物です。帯の言葉を借りるなら「老年カップルの危機と和解」が描かれており、しかもサルトルとボーヴォワールの年齢にほぼ見合った主人公の男女は「普通の夫婦」という設定になっている。おかげで老齢の男女一般にかかわる身近な心理小説として読める。簡にして要を得た「序文」（エリアーヌ・ルカルム＝タボンヌ）と「訳者あとがき」（井上たか子）のページを開けば、初心者でも、サルトルとボーヴォワールがいかに「例外的なカップル」であったか、なんとなく想像できる。と推薦したうえで、わたしなりに思考の幅を広げてみたいと思います。

『モスクワの誤解』が書き上げられた一九六七年は東西冷戦の時代でした。サルトルとボーヴォワールは六〇年代に数度にわたってソ連邦を訪れており、その体験がフィクションの素材になったそうですが、じつは、わたしは一九六七年にモスクワを経由してヨーロッパに行った。日本の留学生に開かれたばかりの危なっかしい廉価コースです。つまり、西側知識人の代表としてソ連作家同盟に招かれ、国家的な歓待を受けたにちがいない「例外的なカップル」とは異なる次元で、いかにも頼りない「普通の旅行者」として同じ時空を生きたことになる。巨大な国家機構と警察が支配するあの土地で、ひりひりと肌を刺すような不安を覚えたことは何度かありました。夜汽車の閉ざされたカーテンに決して触ってはならない。カメラを街中で取り出してはならない。あたりに充満する見ることの禁止は、目に見えぬ絶大な権力という理不尽な存在を告げていた。あれはアレントが「ボルシェヴィズム」と呼ぶスターリン体制の残滓であったということを、あの不安な感覚を反芻しながらわたしは最近になって理解したところです。

邦訳では『全体主義の起源』の第三巻冒頭におかれた「緒言（一九六八年の英語分冊版より）」が、まさにこの時期の世界を捉えている。初版の原稿はナチス・ドイツの敗北後四年に当たる一九四九年に亡命先のアメリカで書き上げられているのだが、これは物語の終幕の一部でしかない、と著者はいう。終戦はロシア全体主義の終焉を招くことはなく、一九五三年のスターリン死去とその後のスターリン批判により、曖昧さをかかえながらも非全体主義化が徐々に進行したのだということを、今、この文章を書いている一九六六年の視点で確認することができるというのです。わたしたちの視点から今、事後的に見れば、この年は十年におよぶ文化大革命が開始された年でもありますが、さすがはアレント、中国で初の全国的な粛清が行われたことに注目し、さらに東欧の不穏な情勢を懸念する。じじつ二年後の一九六八年にはソ連の戦車がチェコに侵入し、自由化を求める「プラハの春」を鎮圧するわけです。この年に刊行された『全体主義の起源』の英語分冊版は、戦後の全体主義の趨勢を直近の時点まで視野に入れたものであり、その「緒言」が「暫定的な終わり」という言葉で結ばれているのは、覚醒した意識のなせるわざと敬服するほかありません。

『モスクワの誤解』には、こうした時事問題がさりげなく描きこまれていないわけではない。そして引退した高校教師である主人公たちは、もとはシンパであった共産主義に「幻滅」しているというのですが、微妙な違和感が読後に残ったのも事実です。東アジアの敗戦国から来てこの国を通過した貧しい留学生のモスクワ体験と異なり、何かに脅かされているという感覚がこの「普通の夫婦」にはないらしい。そんなこと当然でしょ、と言われそうだけれど、西側知識人と共産主義との関係という文脈で、やはり「例外的なカップル」の立ち位置が気になります。いずれにせよ『モスクワの誤解』は考えるヒントにはなるけれど、ボーヴォワールの代表作ではない。それに老夫婦の諦念というフィクションの結末に惑わされてはならないと言いたくなる理由がひとつあるのです。ボーヴォワールのフェミニストとしての活動は一九七〇年代に開花して、妊娠中絶にかかわる法制度の整備などに結実する。哲学者シモーヌ・ヴェイユと同姓同名の有能な女性政治家が牽引し、数え切れぬほどの著名な女性・無名の女性が自主的に参加して「女たちの声」が社会と国家を動かしたこの運動があったからこそ、フランスはEU諸国の女性解放を先導し、二〇〇〇年のパリテ法（議会選挙の候補者を男女同数とすることを義務づける法律）にまで漕ぎ着けることができた。

政治的な権利要求に目覚め、現場に身をおいて理論化した欧米の先進的な女性たちは、全員が『第二の性』を読んでいたと思うのです。それがこの書物の歴史的な偉大さです。さらに、今日の多様なジェンダー論の最も重要な淵源のひとつが、ここにあることも確か。ボーヴォワールの考察は、不当に剝奪された権利を奪い返すための正当な要求（revendication）として構築されています。当然ながら権力の側に立つ無意識の加害者としての男性と被害者としての女性という二項対立のイメージを喚起するし、男と女の分類は自明のことだから「性差のゆらぎ」とか「性的マイノリティ」とか、ましてやウルフのいう「両性具有」などが入り込む余地はない。でも、政治の現場において、つまり権力との闘いにおいて、二項対立的な論理が「権力」と相似形の「権威」として立ち現われ、決定的な力を発揮してしまう場面はあるような気がするのです。くり返すなら『第二の性』は戦後の新時代に向けてのマニフェスト。女性も男性と対等な主体的存在として「アンガージュマン」（社会と政治への参加）を実践すべきだという信念に貫かれた書物です。七十年前の主張が今なお有効であることに、あらためて驚き、知的戦略として継承すべきでしょう。

要するに、わたしは『第二の性』が「昔の本」だとは思わない。女性の解放についていかにも実績の乏しいわたしたち日本人が、もうボーヴォワールに学ぶものは何もないなどと読みもせずに片づける資格をもつでしょうか……。

さて、ボーヴォワールに冷淡なNさんは、これでうなずいてくれるかな。あなたの言いたいことはわかった、でも面白いとは思わない、と冷たく応じるかもしれません。

結びはやっぱりアレント――『全体主義の起源』の初版が書き上げられたのは『第二の性』が刊行された年ですが、当時の注目度はともかくとして、著者の気迫は優るとも劣らず、書物の存在感は近年むしろ増している。一点だけ確認しておくなら、権力が行使される現場の「主体／客体」「加害者／被害者」という二元論から出発したのでは、近代世界が産んだ巨大な悪としての「全体主義」は読み解けない。エルサレムのアイヒマンを裁けない。これがアレントの「政治的な権力」をめぐる哲学的な思考の根底にある確信です。

2018.4.22

＊1　ボーヴォワール『第二の性――I 事実と神話』井上たか子・木村信子監訳、『第二の性――II 体験』中嶋公子・加藤康子監訳、新潮社、一九九七年。

＊2　シモーヌ・ド・ボーヴォワール『モスクワの誤解』井上たか子訳、人文書院、二〇一八年。

《IX》

「性愛」と「おっぱい」

刺戟的な言葉が並んでいるからといって、期待しないでください。

一部の日本人男性の幼児性について語りたいのですが、基調となるのは、我が腹心の友Nさんとの対話です。

N　お久しぶり。本日の話題は世間を賑わせているセクシュアル・ハラスメント、でしょ？　これまでの経緯からして、このブログで見過ごすわけにはゆかないと思っていましたよ。

K　さすが、ご明察、というより、当然そういうこと。もちろん「女たちの声」にかかわる問題なんです。家族や男女の居場所である「親密圏」でも、人と人が交わり活動する「社会」でも、そして「公共圏」の見本であるべき政治の場でも、皆さん、現場でしっかり声を上げてください、と応援すれば、それだけで済むなよう気もするのだけれど、今日は具体的な話をしたい。それは「言葉」……。

N 「言葉」？　たとえば、どんな？

K 不愉快だから横文字で書くけどOppaiとか。

N わかった！　わたしは「チュー」という言葉が嫌い。ネズミじゃあるまいし。つづく動詞は、「……触っていい？」「……していい？」でしょ。絶望的に幼稚だよね。

K まさに、幼児語。それも原初的な幼児語です。母親が疲労困憊していようと爆睡中であろうと、赤ん坊が大声で泣けばOppaiを口にふくませてくれて、それから頬っぺたにチューして、優しく寝かしつけてくれる。

N もちろん男女が合意のうえで言葉遊びをするのは、いいと思いますよ。わたしの趣味ではないけど。そういう口説き方もあるんでしょう。でも堂々たる社会人で、しかも職業人として行動している赤の他人に対して、それはないよね。つまり「社会的マナー」を知らぬ高級官僚の「他者理解」が、生まれたばかりの赤ん坊ていどであることに、憤っておられるわけね、あなたは。

K はい。で、一つ思い出話、していい？

N どうぞ……。

K 学生の頃、ある職業団体主催の国際大会で通訳をしたの。スケジュールが終了して、さあ、打ち上げということで、六本木だったか赤坂だったか、日仏の事務局の幹部が高級キャバレーに繰り出そうということになった。通訳の若い女性たちは皆、逃げちゃったから、場違いなメンバーは、わたし一人だけ。笑わないで、想像してみてよ——超豪華な空間の真紅の円型ソファで日本の業界理事長とフランス側代表に挟まれてわたしが座り、周囲には肌も露わな豊満系美女がずらり。昔ですから、片言の英語も使えない。すべて通訳するわけ——「Oppai触っていい、と彼（フランス側代表）に言ってよ」とかね。

N 今回の話題との繋がりは、よくわかりました。それ、通訳したの？

K うん、「彼（業界理事長）はこう伝えるように言っています」と、ワンクッション入れたけど。ちょっと説明させてもらうとね、フランス側代表が素敵な男性だったのよ。秘書みたいな役割だったから、意気投合しちゃって、数日の大会が無事終了した瞬間には、皆の見ているところで抱き合ってビーズというぐらいの仲（ちなみに「ビーズ」は相手の頬への軽い接吻。そもそも「ハグしてチュー」なんて日本語で、然るべき男女の仕草が想像できますか？）。ハンサムで、スポーツマンで、自分は職人として生きてきたことに満足しているけれど、娘は医学部だよ、とか自慢して、要するに品性を信頼できる人物だった。フランス人の参加者たちも、わたしが学生であることを知っており、ナイトのようにお行儀よく接してくれていたから、深刻に不愉快な思いはしないだろうという自信があって、それで、社会見学のつもりで、キャバレーに行ったわけ。

N ふーん、そうか。で、通訳の話にもどると、「彼はあなたに「Oppai触っていい」と言っています」という間接話法のフレーズに、声の抑揚一つで「日本人の男って、この程度」ってニュアンスを添わせること、出来るものね。あちらさんは、なんと答えた？

K　「彼に「ありがとうございます」と伝えるように」って（笑）。

N　つづきの解説はわたしがやってあげる。キャバレーでの一連の出来事は「社会的なマナー」から外れることなく進行した。Oppaiの持ち主も、通訳のあなたも、それぞれ職業人としての尊厳は傷つけられていない。つまりセクシュアル・ハラスメントはなかった、と。

K　同じ語彙、同じ文章だから、思い出してしまったのでしょうね。この比較論においては、ガラの悪い業界理事長よりも出世した高級官僚のほうが、はるかにたちが悪い、権力が絡んでいるだけに悪質なわけですよ。ちなみにその業界理事長、政界に打って出ようとしていたらしいけど……。

N　ところで、今回の話題のメインは「性愛」なんでしょ？

K　そう、これも「言葉」をめぐる問題なの。「言葉と権力」といったほうが正確なのだけれど、文学のことを考えつづけてきた人間としては、皆さん、声を上げてください、という応援のひと言だけで、議論を終わらせちゃいけないという気持がある。わたしのなかでは「性愛」問題とOppai問題は確かに繋がっており、いずれは「秩序としての言語環境に潜むジェンダー・バイアス」というところまで論じたいと思っています。メモ程度のことを、とりあえず書いておきますね。

というわけで「性愛」のお話です。今から三十年ほどまえ、わたしが初めて出した本【*1】の帯に「性愛とエクリチュール」という言葉が大きく印刷されており、恩師の山田𣝣先生に「貴女のようにきちんとしたご婦人が、このような言葉を使ってはいけない」とたしなめられたという話。そのこと自体は、懐かしい思い出として、どこかに書いたことはありますが、じつはわたし自身も、この言葉はすんなりとは通るまいと予感していた。言語論的に重要なのは、この「予感」のほうなのです。

こんな経緯がありました。担当してくださったのは、筑摩書房の淡谷淳一さん。『ボヴァリー夫人』を執筆していた当時のフローベールの書簡を抜粋して、同じページの下段に遠慮なく注をつける、そのことで作品が生成するプロセスを立体的に浮上させるという構想で、ワープロもない時代でしたから、鉛筆書きの原稿を淡谷さんに何度も見ていただいて、そのたびに、カフェで話し合い、示唆というより明確な批判をいただきました。ちょうど大学紛争の時代に学生だったわたしたちの世代は、論文指導らしきものを受けたことがない。一方で淡谷さんは、今、反芻してみると、ある種のリスクを引き受けながら書くことの手ほどきをしてくださった。明らかに「性愛とエクリチュール」という方向に、わたしの思考を導こうと意図しておられたと思うのです。

神様のような編集者と呼んでいる人たちも身の回りにはいたりして、教養の豊かさには定評がありました。しかも度胸が据わって、途方もなく慇懃な方。「この注は、遠慮して書いておられるでしょう」という指摘を受けて、「本文と注の長さがあまりにバランスが悪くなりそうで」と言い訳すると、「ページの組み方などは、わたしども編集者が苦労すればよいことでございます」と恭しくお答えになる。帯の文言について「「性愛」という言葉は危険だと思う、妙な挑発と見られそう」とわたしが及び腰の発言をすると、「ご存じのように帯の文言は著者ではなく編集者が決めるものでございますから」と断固たるひと言。

ところで、人の声というのは雄弁なもので、お電話を下さった齋先生のお話も個人的な叱責ではなく、アカデミズムの現状はその程度だよ、と諭してくださったのだと感じています。昔話はそこまでとして——今どき「性愛」という言葉に目くじらを立てる者はいない、と笑って片づけるわけにはゆきません。今ではプルーストも、マラルメも、バタイユも、優秀な女性研究者がいますよ、という善意の発言の裏に透けて見えるのは、じつは構造的な変化は起きていないという事実。そして、これまでの構造的格差によって歴史的に蓄積された目に見えぬ歪が、人文学の生気を奪っているのではないか、という根本的な問いに対する無関心。もちろんこうした問題を意識化した元気な若い人たちが、いないわけではない。期待しましょう。

それにしてもアカデミズムの内部にある格差の構造、それも思考や概念にかかわる性差の力学は、まさに「不可視の権力」に支配されており、これを描写するのは極限的に困難です。一方、官僚組織内部の人間関係や、高級官僚とマスコミの取材担当者との関係は、当初から顕在的な権力によって徴づけられている。二つのケースはまるで無縁のように感じられるかもしれないけれど、じつは決定的な共通性があるのですよ——この領域、この仕事は女には無理だろう、この言葉を女は使っちゃいけない、この言葉を男は使ってよい、等々の「禁止／許可リスト」を作成するのは、常に男性でありました。だから女性研究者たちは「暗黙の了解」がどの辺りまで許容するのか「忖度」した。高級官僚の周囲の女性記者たちは「この程度のこと」は「我慢」しなければならないのだろうかと思い悩んだ。

これに対して「「禁止／許可リスト」は自分たちが作る！」と堂々と宣言したのは、我が国の女性学・ジェンダー研究を推進した女性たちでありました——というところまで書いて、この辺でまとめようとあれこれ考えていたら、絶妙のタイミングでNさんがメールを送ってきました。ご本人の了解を得て公開します。ちなみにこの方、普段はすごく冷淡なくせに、いきなり戦闘的フェミニストに豹変することがあるのです。

NさんよりK宛てのメール

先日のおしゃべりの続き。上野千鶴子さんの「闘いとってきた変化」（五月二十三日『朝日新聞』朝刊）読んだ？「言葉」の問題というので、思い当たったわけ。かつて「セクシュアル・ハラスメント」という日本語はなかった。これを「定義」して「女性の経験の言語化と理論化に務めてきた」のが、女性学・ジェンダー研究だったという指摘、納得しました。ひとたび概念が定義されれば、自分の体験について、客観的な分析ができるようになる。それだけでも、気持は楽になるわけですよ。

ということで、以下はわたしの常識的フェミニズム宣言——「セクハラ」という言葉になんとなく違和感があるので（たぶん、妙に軽薄な調子で使われることがよくあって、それが不愉快なんだと思う）、しつこく「セクシュアル・ハラスメント」と言いますが（メディアには字数制限があるから仕方ないと言われればそれまでだけれど）、その「セクシュアル・ハラスメント」について、これまで以上に積極的に「社会的なルール」と「弱者保護の制度」を作らねばなりません。フェミニズム世代の実績を踏まえ、フェミニズムに関心があろうとなかろうと、現役世代の普通の女性たちが、しっかり発言すべきです。世の中には頭の悪い人も多いから、「Oppaiとか、チューとか、幼児語を使わないこと」「無暗に触らないこと」等々の「マニュアル」を作るのもいい。それで職場の有能な男たちが委縮する？　とんでもない！　この程度の「他者理解」も出来ない男が、そもそも「有能」なはずはありません。口を開けば下品なことを口走り、ジョークだとか身に覚えがないとか強弁するような方々、相手の弱みにつけこんで「我慢」を強いるような方々には、ご自身の出世を「我慢」していただいた方がよい。その分、若い有能な女性たちが元気に活躍するようになって、社会的なマナーを心得た大方の男性たちも、伸び伸びと楽しく働くでしょうから、必然的に経済効果は大であります。

だいたい、某高級官僚は、本当に「有能」なのですか？　先回のブログであなたが書いていた、教室で「ワオ！　女だー！」と叫んだ世代でしょ？　本物の知性があって、しかも職業的な野心があるのなら、たまに弁護士のサイトなどを覗いてみるだけで「社会的なマナー」の許容範囲ぐらいは、即座に理解できるはず。自分は何をやろうと安全圏にいると信じていたのであれば、それは時代錯誤、まさに驕《おご》りというものです。

一方で、特定の個人に責任があるという論調も危険です。ニュース報道で問題の官僚組織の「セクハラ防止研修会」の風景を見たけれど、「局長ら幹部」は全員男性です。この風景、国家的な超エリート集団を自認する組織の国際感覚のお粗末さを証明している。恥ずかしくないの?! と思いましたね。しかも、この組織の関係者は、自分たちは多忙だし、男ばかりの世界だから、と平気で言い訳するのですよ。政治の世界でも、ようやくパリテの方向性が多少は見えてきたことだし、官庁も企業も、ともかく女性のプレゼンスに配慮していただきたい。「局長ら幹部」の三〇パーセントが女性であれば、低次元かつ初歩的なハラスメントは目に見えて減少するはずです。「研修」を義務づけられないとマジメに考えないというのも、困ったものですが、やはり世代や年齢の問題はあるでしょうね。言語道断な某大臣は、もう手遅れですから、早めの引退を期待しましょう。ただし「ワオ!」の世代は、この先まだ二十年ぐらいは権力者でありうるわけですよ。真剣に再教育に取り組まねばなりません。では、また。

2018.5.28

＊1 『ボヴァリー夫人の手紙』工藤庸子編訳、筑摩書房、一九八六年。

《 X 》

元祖は皇帝ナポレオン？

「いや要するに、マダム、貴女方は何も不平をおっしゃるには及ばないのですよ」と彼は意味ありげに微笑しながら言葉をつづけた。「魂はお持ちだと認めてさしあげたのだから。ご存じのように、決定しがたいという哲学者もおりますよ。平等だとおっしゃりたい？ それは狂気の沙汰ですな。女というのはわれわれの所有物（propriété）であるが、われわれは女の所有物ではない。女はわれわれの子供を作ってくれるが、男が女の子供を作ることはない。それゆえ、実のなる木がその木を育てる庭師のものであるように、女は男の所有物である。男が妻を裏切って浮気をしたら、正直に白状して、後悔すればよい、それできれいさっぱり跡形も残らない。女房は怒るかもしれないし、赦すかもしれないし、あるいは適当に折り合いをつけるかもしれない、それで得をすることだって、たまにはあるだろう。

ところで妻の浮気となると、そうはゆかない。白状して、後悔しても、なんの意味もない、きれいさっぱり跡形も残らないなんて、誰が保証できますか？　なされた悪は修復できない。それゆえ女は身に覚えがないと言い張るべきであって、ほかにやりようはない。そうしたわけで、マダム、お認めいただけるでしょうが、よほど判断力がないか、俗っぽい考えに囚われているか、教養が不足しているか、というのでないかぎり、妻が自分の夫とあらゆる点において同等であるなどと考えるようになろうはずはないのです。だいいち、相違があるからって不名誉なわけではありませんよ。それぞれに特性と義務というものがある。貴女方の特性は何かといえば、マダム、それは美であり優雅であり魅惑である。貴女方の義務は何かといえば、それは従属と従順である。」

「語られる言葉」の肉声を思い浮かべながら、こんな感じかなあ、と日本語に移し替えているだけで、じわじわと、かなり、腹が立ってきました。十九世紀フランスの「姦通小説」のロジックがここに凝縮されており、今日的な「セクシュアル・ハラスメント」の原点もここにある。出典はラス・カーズの『セント＝ヘレナ覚書』（一八二三年）――でも、録音機器もなかった時代に、これが退位した皇帝の台詞をそのまま「書かれた言葉」に移し替えたものだという保証がどこにある？　著者のラス・カーズが巧みに造形したフィクションかもしれないでしょ？　という抗議の声が聞こえてきそう。じつは二〇一七年の末に、この『覚書』の元原稿とみなされるラス・カーズの『日記』が初めて書物のかたちで公開されました【*1】。これは近年のナポレオン学の興味深いトピックなのですけれど、その話は後回しにして……女性蔑視の見本のような長い台詞のキーワードはpropriétéであるという観点から分析したいと思います。

ご存じのように近代法の基本原則とされる「私的所有権」private property / propriété privéeを体系化したのが、ナポレオンの名を冠した一八〇四年の民法典であるわけですが、ある現役の歴史家の言によれば、フランス革命の精神――「法の前の平等」「所有権の不可侵」「経済活動の自由」等――を見事に制度化した法典にも「時代遅れ」な部分はあった、なぜなら女性は法的な主体と認められず「妻の地位」が低くなったから、とのこと。この記述を読んで、わたしは唖然としました。まるで、その「時代遅れな一面」をちょいと手直しすれば――痛む虫歯を一本抜くみたいに――問題は解決するといわんばかり。

民法典は社会の「秩序」を支える構造体なのだから、たとえば「妻が夫の所有物」であるような家族像と、これを包摂する「ジェンダー秩序」は、それだけを摘出できる瑕瑾《かきん》などではありません。全体を解体・再構築しなければダメなのです。ヨーロッパは二世紀をかけてそれをやってきた……なんてこと、その歴史家は、考えもしないのでしょうね。上記ナポレオンの台詞も、たしかに「時代遅れ」だけど、こういうことをヌケヌケと言えた昔の男は気楽だよね、という顔をして――それこそ「意味ありげに微笑しながら」――読み飛ばすかもしれない。そういう男性、皆さんの身の回りにはいないと断言できますか?

女もひとりの人間であるのなら、男のpropriétéにはなりえない。そう断言したのは、スタール夫人です。ナポレオンに国外追放され、レマン湖の畔コペの城館で軟禁状態にあったとき書き始めた『自殺論』（一八一二年）のなかで展開される議論です。おりしもベルリン在住の著名な劇作家クライストが人妻と心中するという事件が起きて、これがロマン主義的な愛の崇高なる成就であるかのような論調が世論を支配した。スタール夫人は賛美の風潮を批判して、男が女をピストルで撃ち、ただちに自殺したといらけれど、たとえ女の合意があったとしても、人間の意志などは一過性のものだから、これは正真正銘の殺人であり、他人の生に対する「残忍な所有」féroce propriété にほかならないと指摘したのです。自立した個人とは何か、という問いかけでしょう。人は人を所有できない。人は他人の生を神聖なものとみなし、独りで死んでゆく人間の孤独を引き受けなければならない――スタール夫人の主張は普遍的に、つまり男にとっても女にとっても正しいのではありませんか？　そしてこれはまた、徹底した「反ナポレオン」の哲学ともいえる。もちろん、ご紹介したナポレオンの台詞が本人の本音であると仮定しての話ですが。

結論を先に言ってしまえば、捏造されたフィクションではなかろう、と考えています。ラス・カーズはナポレオンより三歳年上でスタール夫人と同い年の一七六六年生まれ。スペイン系の貴族で海軍に入り、革命が勃発すると反革命軍に身を投じて英国にわたり、一八〇二年に帰国を許され、ナポレオンの宮廷で侍従となる。その後は百日天下の前後も忠誠がゆらぐことなく、セント＝ヘレナへの随行を許された。といっても、侍従などは八十名ほどいたらしく、参事院（コンセイユ・デタ）の一員にはなりますが、側近の大物政治家ではありません。

この先は想像力を働かせることをお許し願うとして、ナポレオンはプロパガンダの天才です。

ジャック・ルイ・ダヴィッドなどの天才画家に治世の名場面を描かせたことからも、そのことは知れるはず。有能な文官で文筆の才もあり英語に堪能なラス・カーズが、コミュニケーション・広報担当として、三人の将軍とともに元皇帝の随員となったことは疑いようがない。結果として『セント＝ヘレナ覚書』がダヴィッドの名画に劣らず生々しい衝撃をもたらしたことも確かでしょう。「ボナパルティスム」という今日も生きている言葉と概念が生成したのは、「ボナパルティストの祈禱書」などと呼ばれるベストセラーに育まれてのことであるからです。

ナポレオンが大西洋の孤島で厳しい幽閉生活を送った六十八カ月のうち、ラス・カーズが生活を共にしたのは、わずか十四カ月に過ぎません。おそらく聞き上手、話し上手で、お気に入りのお相手だったのでしょう。日々の生活風景や屈託のない雑談から世界統治の野心まで、ジャンルを問わず書き留めたのが『日記』と呼ばれる原稿です。ただしこの原稿は、ラス・カーズが島の総督ハドソン・ローに睨まれて投獄されたとき、当局に没収されてしまいました。返却されたのは、ナポレオンの死の半年後、一八二一年の秋。長い苦労の末、疲労困憊してフランスに帰還したラス・カーズは、取り戻した原稿を元にして、大車輪で『覚書』を執筆し、一八二三年の末までに八巻本を刊行します。

このとき返却された元原稿は、行方知れずになり——破棄されたのかもしれず——いまだに見つかっていません。では、二〇一七年に公開されたのは何なのか？　じつはハドソン・ローに没収された原稿は、英国に送られ、ただちにコピーが作成されていたのです。大英図書館に人知れず眠っていた端正なコピーが、偶然二十一世紀のナポレオン研究者の目にふれた。そこで、皆が大興奮したというわけです。

元原稿の『日記』と刊行された『覚書』の異同ということが、当然、問われるでしょう。なんと分量が二倍半に増えています！　といっても増えた分は捏造だろう、もとの『日記』のほうが文書としての信憑性は高く、史実に近いはず、などと素朴なことを考える歴史家は、さすがにいないでしょうね。この比較は、文学的にも、なかなか面白そうなのですが、いずれ別の機会に本腰を入れて……。

プロパガンダの天才という話にもどりましょう。そもそも、ラス・カーズが一八一六年の末に島の総督によって投獄された経緯が、いささか謎めいているのです。囚われの皇帝の近況を本国にもたらすために、ヨーロッパへの強制送還を目論んだ周到な策略ではないか？　と仄めかす実証研究もあるほどです。退位したナポレオンは、まだ四十代の若さ。この先、ヨーロッパで重大な政変がある可能性だって皆無とはいえないし、この地で死ぬ覚悟を決めるとしても、輝かしいナポレオン伝説を創造しておけば、子や孫の代に千載一遇のチャンスが訪れるかもしれないのだから、と元皇帝が思いを巡らせたとしても、不思議ではないでしょう（この夢は第二帝政によって実現します）。

そうなると、あらためて気になるのは、ナポレオンとラス・カーズとの関係、絶対的な崇拝と信頼にささえられた男と男の関係です。いや何よりも、ナポレオンが『日記』の存在を知っていたのかどうかを確認したい――じつは知っていました、それも早い時期から。原稿に目を通したこともある、と『日記』に記されているのです。だとしたら、記録映画を作る監督とカメラをまえにした主役の関係に似た、ある種の共犯関係があったかもしれない、という気がしてきませんか？　共犯は大袈裟だとしても、暗黙の合意と協力はあったにちがいない。以上の理由で、冒頭でご紹介したナポレオンの台詞は、本人の本音であると考えた次第です。むしろ、ナポレオン自身が演じた然るべきナポレオンの肖像、といったほうが正確かもしれません。

それにしてもカメラはおろか、録音機器もなかったという事実は重要です。ちなみにセント＝ヘレナで時間をもてあましたナポレオンは「口述筆記」でイタリア戦役やエジプト遠征にかかわる「回想録」を作成しています（今では学問的な校訂版で読むことができるけれど、あえて言うなら全く面白くないこと自体が面白いというタイプの文献で、研究者でさえ注目しないように見える）。読み比べてみれば、文体の違いからして、ラス・カーズの『日記』は「口述筆記」ではないこと、つまりナポレオンが現場で書き取らせたものではないことは明らかです。じつは自然体の長い会話のあと、その記憶を大切に自室に持ち帰り、ただちに息子に「口述筆記」をやらせたらしい。十五歳の少年をまえに、ナポレオンが乗り移ったみたいにラス・カーズがしゃべって、少年が懸命に書き取りをした、と空想するだけで、なかなか楽しいですね。

ご紹介した台詞について『日記』と『覚書』を照合してみましたが、主な変更は「彼は意味ありげに微笑しながら言葉をつづけた」という地の文の挿入のみ。ナポレオンの笑い方についてはen souriant de côtéとなっている。ひとしきり訳語に迷ったのち、英訳のsmiling significantlyという解釈を借りました。ともあれ、このささやかな加筆にも、作家の芸は見てとれます。

さてナポレオンとは、ブルジョワジーがヨーロッパの覇者になる十九世紀の幕開けに、その制度的な基盤を怪物的な力量で創設してしまったヨーロッパの覇者にほかなりません。元祖ブルジョワジー？　まさにそうではないかという気がしているのです。所有権の対象になるのは、私有財産だけではない。知的な資源も高等教育も男性が独占する。女性は政治からも社会経済的な活動からも排除され、男性の所有物になる。その結果、ナポレオンとラス・カーズとの関係に典型が見られるように、男性間のホモソーシャルな結びつきと崇拝の感情が顕揚される。そして一方では、強靭なミソジニーがはびこることになりました。

ここで話題は二〇一八年の日本に着地します。そのようなブルジョワジーの秩序が破綻して、もはや政治と社会経済的な活動から女性を排除することはないという一般的な了解が成立した以上、一足先に権力の座に就いた中高年の男性たちも、何かが根底から変わりつつあることを理解していただきたい――これが、眩しいほどに活動的になった若い女性たちの切なる願いであろうと考えます。某大学運動部のケースも某高級官僚のケースも、組織のメンタリティという意味で、元祖ナポレオン時代のようではありませんか。

振り子のようですが、最後に二世紀前の胸のすくエピソードを――あるときボナパルトが、ひとりの名高い女性のまえで仁王立ちになり「マダム、私は女たちが政治に口出しするのは好みません」と喝破した。相手は「ごもっともですわ、将軍、でも女たちが首を斬られる国では、斬られる理由を女たちが知りたがっても、当然ではございませんか」と応答したという。

将軍ボナパルトがクーデタにより政権を奪取する直前の出来事であろうと思われます。「名高い女性」とは、恐怖政治の犠牲になった思想家コンドルセの美しい未亡人。出典はスタール夫人の『フランス革命についての考察』という千ページもある堂々たる革命論ですが、つづくコメントによれば、このとき将軍は反撃しなかった。つまり「真の抵抗」こそが、権力との対決において有効なのであり、そのことを各自が肝に銘じるべきだとのこと。昔の女たちも、しっかり、聡明に闘っておりました。

2018.7.8

*1 Emmanuel de Las Cases, *Le Mémorial de Sainte-Hélène. Le manuscrit retrouvé*, Texte établi, présenté et commenté par Thierry Lentz, Peter Hicks, François Houdecek, Chantal Prévot, Perrin, 2017.

《XI》

大江健三郎と女性（一）――contemporaineであるということ

フローベールを語らずしてフランス第二帝政を語れるか。プルーストやコレットぬきで第三共和政を描けるか。ウルフを視野に入れずに女性と文学という主題に接近できるのか。だとしたら？　そう、大江健三郎を恭しく棚上げにしたまま、日本の戦後を展望できるはずはありません。昭和と平成を束にして生きぬいた作家の「全小説」の刊行が、この七月に始まり、元号の改まった年の秋に完結するとのこと（元号などは無意味な作為だと切って捨てられぬ精神風土や論争が、じっさい日本にはあるのだから、なおのこと）。『読売新聞』はじめ大手日刊紙が著名な作家や評論家のエッセイを掲載し、『群像』八月号には「筒井康隆×蓮實重彦対談」が組まれています。この対談で提示されたキーワード「同時代人」を手掛かりにしたいと思うのですけれど……。

とはいえ「あなたは大江健三郎の同時代人ですか?」という問いが、わたしに向けて発されることは、およそ想像すらできません。大江健三郎と対談参加者、これら御三方はほぼ同年齢。それより十歳近く年下ではあるものの、ここで年齢は理由ではなくて、そもそも「同時代」などという大仰なものについて女性が真剣に考え語ることは、絶対的に期待されない社会の片隅で、昔のわたしは生き始めたという自覚があるためでしょう。

「あなたは大江健三郎のcontemporaineですか?」という問いであれば、話は別、という気がします。わたしにとって外国語の語彙を習得することは、日本社会の厳めしさ、居心地の悪さからの脱出であり、解放の経験でもありました。contemporaineというのはプルースト『失われた時を求めて』からの借用です。社交界の花形ゲルマント公爵夫人(その頃の名はレ・ローム大公夫人)が、ある席で初々しい女性のごく自然な仕草が不意に男たちの好感を呼びさましたのを見て、あの方、わたくしのcontemporaineじゃないわね、と言う。本物の社交界で訓練された身体ではない、深読みすれば「生き方のスタイル」を分かち合えないというぐらいの、ちょっと意地悪な台詞です。ちなみに年齢差への仄めかしと見えるのは、ややコケティッシュな言葉の運用に過ぎなくて、ゲルマント公爵夫人は自分のほうが年寄りだと言うつもりは毛頭ない。だいいち人類の歴史から見れば、十年か二十年前であろうと二世紀前であろうと、時の長短などは決定的な差異ではないはずです。つまり、ナポレオンと闘うスタール夫人をわたしがcontemporaineであると感じても、一向にさしつかえない。それゆえ年の差とは別種の問いとして、あらためて「わたしは大江健三郎のcontemporaineであると感じるか」と自問してみます。

ひとまず率直に答えるとすれば、かつてはNon! であった、今ならOui! ということになりそうです。この先はやや具体的な回想を。

一九六〇年代半ばに東大の仏文に在籍する者が、大江健三郎の愛読者でないということはありえませんでした。本郷キャンパスの医学部から弥生門にかけて、通行人もまばらな辺りでは、しかるべき時刻に犬の吠え声が陰気に響くはずであり、夕暮れ時の病院施設では人目もはばかるアルコール漬けの遺体の移動作業が……なんて夢想に浸されることなく文学部に進学した者はいないでしょう。「奇妙な仕事」「死者の奢り」などの短篇や『芽むしり仔撃ち』『性的人間』そして『個人的な体験』までが六〇年代の前半に出揃っている。強烈な熱風のようなものを肌で感じて刺戟を受けとめたという記憶もあるけれど、それにしてもジェイン・オースティンやブロンテ姉妹に育てられたフツウの文学少女が、読んだふりをして読み飛ばしたページは少なくなかったにちがいない。つまり二十代のわたしは、断じてこの小説家を「身近」な存在と感じてはいなかった。もし、あの頃に「セヴンティーン」を読んだとしたら……大江健三郎を嫌いになっていたかもしれない、とすら今は思うのですが、この話題は次回にゆっくりと。

その後、わたしは横文字の世界に脱出し、かぎられた時間をどこに投入するかという切羽詰まった暮らしでしたから、日本語の小説や評論にじっくり親しむことはありませんでした。したがって、自分が大江文学のよい読者だと思ったことはなく、読んだはずの作品も、未消化のまま記憶があいまいになっている。ところが、いつ頃からか、多少は生活にもゆとりができて、いわば大江文学の再発見のような体験をすることになりました。それが、今ならOui! と答えるだろうという意味であり、とりわけ二〇一三年の『晩年様式集《イン・レイト・スタイル》』は――「おそらく最後の小説」と帯の冒頭に記されたものですが――ほとんど戸惑いに似た、言いようのない「親《ちか》さ」の感情を覚えて読みおえました。

ところで、いただいた御本に肉筆のお礼状を書くためにパソコンで下書きをするという恥ずかしい習慣は、ペンを握るのが身体的につらくなった時期から身についたものですが、おかげで読みおえた時点での率直な印象を正確に思い出すことができる。『晩年様式集《イン・レイト・スタイル》』の作者に宛てた手紙から、小説の感想のような文章を、ほぼそのまま引用してみます。

翻訳が出たばかりのル・クレジオ【*1】などを読んでも感じるところですが、複数の語り手が交替する「ポリフォニック」な物語は、近代ヨーロッパの「三人称小説」を解体するための挑戦という段階を過ぎて、今や、ある種のトレンドになりつつあると思われます。そうしたなかで『イン・レイト・スタイル』は希有な輝きを放つ、なぜなら、ここでは小説家が生涯の文筆活動を批判的に俯瞰するという作品創造の野心とその「スタイル」とが、一方なくして他方がなり立たぬような本質的な力によって結ばれているから、と感じ入りました。タイトルの示唆する「様式」とは、フローベールが云うところの「内容と不可分なスタイル」であって、たんなる「意匠＝外観のデザイン」ではない、と云い換えることもできましょう。

複数の語り手を設定するのであれば、そのなかに「女たちの声」を導入することは、これも時代のトレンドかもしれません。それはそれとして、ここでは小説家の「晩年」に至るまでの時間を批判的に、そして時には攻撃的に再構築してみせるという役割が、もっぱら女性たちに割り当てられています。それらの「声」は痛切であるだけでなく、それぞれの場面で発された言葉として味わえば、モリエール的な喜劇の効果も伴っているように思われます。

プルーストの作品に見られるのは、書かれるべき書物を模索する過程がそのまま書物になるという不思議な構造です。ここでは生成しつつある小説の原稿を読んだ女性たちの肉声を文字化するプロセス（それ自体フィクションの内部にある運動）が、作品の新たな生成を援けています。Work in progressと呼ぶのは不正確かもしれませんけれど、これは小説の歴史に前例のない「様式」ではないかという気もいたします。

ここでわたしは言葉に窮し、唐突に手紙を終わりにしたのだと思う。「小説家」の妻・妹・娘である「三人の女たち」に、それぞれニュアンスの異なる共感を——先ほど定義した言葉によればcontemporaineとしての親さを——無条件に覚えてしまったことは確か。「大江ワールド」の役者たちが勢ぞろいしたフィクションのなかで、行動においても発言においても能動的なのは、これら三人を中心とする魅力的な「女たち」であり、先行きの見えぬ未来への細い希望を語る長い詩が——自分は十代に書物で出遭った渡辺一夫の「ユマニスム」に、残された月日を賭けるという老作家の呟きのように——物語の最後をしめくくる。それでいて、世に言う女性の解放やオプティミズムとは全く異質の何か、むしろ何かしら途方もないもの、不穏で、荒々しいものを突きつけられたという読後の印象があった。そして二〇一三年のわたしは、手に負えぬものを前にしたときの一抹の不機嫌さとともに、サイン入りの貴重な『晩年様式集《イン・レイト・スタイル》』を書棚に収めたのでした。

わたしは今、その『晩年様式集《イン・レイト・スタイル》』を読みなおし、五年前の「印象」を反芻しています。作者への手紙にも書いたように、二十一世紀においてポリフォニックな形式は、それ自体としては安易なアリバイのように採用されていることも少なくない（十九世紀の三人称小説における「父権的な語り手」への批判とか、その超克とか）。一方、雑誌『群像』にほぼ一年半にわたって連載されたこの「小説」では、「前口上として」と題された幕開けの短文が、世にも不思議な構想を披露する。「小説家」がみずから書きつないでゆく原稿に加え、複数の書き手が参加する私家版の「雑誌」として、このテクストは生成するという。じじつフィクションのなかで「三人の女たち」は「小説家」と同等の権利＝権威をもって『「晩年様式集《イン・レイト・スタイル》」＋α』と呼ばれる媒体の「原稿」を書いている。しかも彼女たちは、かなり攻撃的な批評家としてふるまい、エライ「小説家」の人生に――パパは抑圧的だとか――遠慮なく口出しもする（女性読者としては、なかなか痛快）。

今、あらためて感じるのですが、近代ヨーロッパで誕生して二世紀の伝統をもち、良くも悪くもその権力的な秩序を刻印された「小説」という様式そのものを、『晩年様式集《イン・レイト・スタイル》』の作者は安住できる場とは考えない。むしろ距離を置き、対象化してみせて、そこから生じる形式的な斬新さが、「レイト・スタイル」と呼ばれるものの特質となってゆく。対話や電話の採録というかたちも多く、聡明な女性たちの「口語的」な文体が、言語的な性差が著しい日本語の近代小説において権威ある伝統とみなされてきた男性的な「文語体」を、着々と、たくましく侵食する。「雑誌」という設定の複合的なテクストに、インタヴューという肉声の営みが導入される。原稿や手紙を書くこと、話すこと、書かれた文字を朗読すること、録音すること、録音を聴き、さらに文字化すること……インタヴュアの第一言語は英語なので、翻訳論の実践のような場面もある。このあたりの複雑きわまる仕掛けは「メディア論」的に分析したら面白いにちがいない。

このような捉え方と無縁ではない第二の論点は「不穏で、荒々しいもの」という特質にかかわります。『晩年様式集《イン・レイト・スタイル》』は「三・一一」の翌年一月から現実の「雑誌」である『群像』での連載が始まり、二〇一三年十月に単行本として刊行されました。フィクションの冒頭ページは、余震のなかで書き始められた「小説家」の日記という設定なのですから、日々の時間が東日本大震災と福島の原発事故という極限的な不安と脅威を孕んでいるのは当然といえば当然です。しかも、この「後期高齢者」の「小説家」は気を失うほどに疲労困憊しながらも、「原発ゼロ」の市民運動に参加する気力を物語の最後まで失わない。

後半の大きな出来事として、アメリカ育ちの日本人であり「小説家」と深い因縁をもつインタヴュアが来日し、「カタストロフィー」という言葉をかかげて「小説家」に応答を求めます。この「カタストロフィー」という言葉こそ、大江健三郎の「おそらく最後の小説」とされる『晩年様式集』In late styleが、エドワード・W・サイードの遺著『晩年のスタイル』【*2】On late styleへの応答であることを示すキーワードであるはずです。人類の終末を予感させる原子力の災厄と目前に迫る自分自身の死が――わたし自身もその感覚を分かち合う年齢には達していますから――ひとまず「カタストロフィー」という概念で括られる。これは納得しやすい話だけれど、ただし、それだけではありません。

サイードのいうlate styleは、功成り名を遂げた著名人の静謐な晩年というイメージから限りなく遠い。ベートーヴェンの晩年の作品は「エグザイル（故国喪失者、亡命者）の形式」を構成するという指摘（『晩年のスタイル』で導入として紹介されるアドルノの議論）はその一例ですが、前提となるのは「作曲家が既存の社会秩序とのコミュニケーションを断ち、体制とのあいだに矛盾にみちた疎外関係」が生じたという状況であるらしい。これを考えるヒントにするならば、大江的なlate styleが円熟の境地でもなく、老いの諦念でもなく、技巧や形式の完成を仄めかすのでもないことは明らかです。この「様式」は本質において不穏であり、既存の秩序の外に出て、体制を侵食する破壊的な力を宿している。わたしが思いおこすのはジョイスの『フィネガンズ・ウェイク』やフローベールの『ブヴァールとペキュシェ』など。これらはサイードの著作で検討される対象ではないし、安易な比較は禁物だけれど、要するに、これは「小説」なのですか？と問いたくなるような、読み手を困惑させるほどのテクスト的な力業。以上の点を、ここで強く主張しておきたいと思います。

『晩年様式集《イン・レイト・スタイル》』の冒頭近く「パパがウーウー泣いていました！〔…〕どうしたのでしょうか？」という息子の的確な言葉によって報告される「小説家」の生身の姿は、一見したところ、弱々しい老作家のそれのようでもある。その一方で、濃密な言葉によって「エグザイルの形式」に造形された「小説」のテクストは、途方もない気迫と「カタストロフィー」を直視する気概を内に秘めている。これが五年前にわたしが感じた戸惑いと「手に負えぬもの」の正体であるような気がします。

ところで『群像』八月号の「筒井康隆×蓮實重彦対談」のキーワードに立ち返るなら、大江健三郎の「同時代人」であるとみずから名乗りを上げるためには、今ここで『晩年様式集《イン・レイト・スタイル》』にcontemporaineの共感を覚えたと表明しただけでは足りない。半世紀の時間をさかのぼり、惹かれつつ疎外感を覚えた初期の作品群を読み直し、もちろん中期や後記の作品も手に取って、そのうえで戦後文学をひとつの「持続」として捉えなければならない！　そんなことゼッタイ無理に決まってる！　と内心で叫び、それはそれとして、春の終わりに初めて読んで言葉にすることが困難な衝撃を受けた「セヴンティーン」【＊3】につづき、その後半を読むべく、七月に刊行された『大江健三郎全小説　第三巻』を購入し、幻の「政治少年死す（セヴンティーン第二部）」を夏の読書の事始めとした次第です

2018.8.27

＊1　ル・クレジオ『隔離の島』中地義和訳、筑摩書房、二〇一三年。
＊2　エドワード・W・サイード『晩年のスタイル』大橋洋一訳、岩波書店、二〇〇七年。
＊3　『大江健三郎自選短篇』岩波文庫、二〇一四年。

《XII》

大江健三郎と女性（二）――政治少年のéjaculation

『大江健三郎全小説』（講談社）の記念すべき第一回配本の一冊である第三巻は、その巻頭に、二部構成の「セヴンティーン」と「政治少年死す（セヴンティーン第二部）」を収めています。後者は一九六一年に『文學界』に発表されてから再録されることはなく、今ようやく「封印を解かれ」たものという。「モデル」とされる右翼の少年は、わたしより一歳年上、同じ都会の風景を眺め、同じ時代の空気を吸っていたことになりますが、なにゆえ作品は半世紀以上にわたる禁忌と抑圧の対象となったのか？

巻末の周到な「解説」で尾崎真理子さん（面識はないけれど、やはり「さん」付けで）が語っておられることを参照し、メモ風に時代背景を復習するならば――六〇年安保闘争が首都を席捲し、市民や労働者や学生を動員した時代。街頭では赤尾敏率いる大日本愛国党が大音響の宣伝カーを走らせ、戦後知識人たちの支持を得た日本社会党や日本共産党が大規模集会を開いていた。存在感を誇示する左翼と右翼の正面衝突で、「天皇」は政治的であると同時に象徴的な争点ともみなされた。そもそも敗戦後の日本には「天皇」をめぐる思想書からフィクションまで多くの刊行物があり、とりわけこの時期、現実の殺傷事件と文学作品が奇怪な様相を呈して交錯した。一九六〇年十月十二日、大日本愛国党の元党員である十七歳の少年が、社会党の浅沼稲次郎委員長を立会演説会の壇上で殺害し、逮捕後、独房で首吊り自殺を遂げた。一方十一月に『中央公論』に発表された深沢七郎の「風流夢譚」は夢の話という設定で、「左翼」ならぬ「左慾」が皇居に乱入して天皇一家を惨殺するという、過激きわまる滑稽小説だった。年が明けた一九六一年二月一日、中央公論社の嶋中社長宅に、同じ大日本愛国党の元党員である十七歳の少年が押し入り、家政婦を刺殺、社長夫人は重傷を負った。一連の事件の合間をぬうようにして、大江の「セヴンティーン」は一九六〇年十二月発行の『文學界』に、そして「政治少年死す」は翌年一月の同誌に掲載される。出版社が報復を恐れて単行本化を自粛したのは、嶋中事件の余波とみなされている。

さて「セヴンティーン」は、ひ弱で鬱屈した高校生である「おれ」が、小遣い稼ぎにサクラで参加した極右組織の集会で「皇道派」の大物に魅せられ、凶暴な「右翼少年」に変貌するまでを語る。後半の「政治少年死す」では、右翼団体の活動メンバーとなった「おれ」が広島の平和大会になぐりこみをかけ、帰途の車中で「天皇の精髄」をめぐる「啓示」を受ける。そして党を離れて農場で修練の日々を送ったのち、暗殺を決行して自殺。テクスト上にゴシックの太文字で記された「確信・行動・自刃」という信条に、政治少年は殉じたのである。独房で首を吊った少年の「死亡広告」と題された八行ほどの断章で幕。

全体として浅沼委員長を暗殺した山口二矢《おとや》を生々しく想起させる作品であることは事実だけれど、『全小説』の「解説」には貴重な証言が記されている（尾崎さんは、永年にわたりインタヴュアとして大江文学の生成に寄り添ってきた）。右翼少年の誕生を語る「セヴンティーン」の場合、原稿（一二〇枚超）の締切りは十一月後半だったはず、十月半ばの暗殺事件に触発されて、その後に物語が構想されたとは考えにくい、という指摘を受けて、作者自身が「経過だけ読むとモデル小説」のように見えるかもしれないが、じつは「右翼的な宣伝、テロみたいなことを考えたり、書いたりしていた時に、そういう事件が起こってしまった」と答えを返している。文学は現実の出来事の反映・反芻なのか？　そうでないとしたら？　という問いにかかわる重要なポイントです。

「セヴンティーン」二部作は、過激に「政治的」であると同時に過剰に「性的」な作品です。なにしろ「おれ」が十七歳の誕生日に風呂場で自瀆に耽る長い記述に始まって、「絞死体をひきずりおろした中年の警官は精液の匂いをかいだという……」で終わるのだから。そこでナイーヴな疑問を呈してみたい。あられもなく露出した「性」を、そして「性」と「政治」との不可分であるらしい関係を、男女の読者、とりわけ女性読者は、どう読むか？

それというのも「解説」担当は女性、これにつづく論考は日本文学を専攻するドイツ人女性研究者によるものであり、初回配本における女性のプレゼンスは、たまたま、ということとのようには思われない。前回のエッセイで示したように「三人の女たち」の言語的反乱という趣もある『晩年様式集《イン・レイト・スタイル》』を書き終えた作家による全集編纂の、いわば作為的配慮でもあろうかと推測するからです（全集の『全小説』という枠組みについては、次回に）。正直なところ、解説や評論や参考文献や雑誌などの関連企画をふくめ、大江文学の周辺が男性の言説で埋め尽くされていたならば——相変わらずホモソーシャルな言語環境に恐れをなして——わたしは日本への回帰など考えてもみなかったはず。

そうしたわけで、わたし流の文学的妄想によれば、半世紀昔の剣呑な右翼少年が、二人の知的な女性にエスコートされて甦ったようでもあり……それはともかく、お二人の「セヴンティーン」論への応答として、本論を書き始めたいと思います。

「封印は解かれ、ここから新たに始まる」と題された「解説」は、冒頭の段落でまず、男性読者の世代を超える大江文学への「思い入れ」にふれる。そして「年配の女性の多くはこの作家を危険人物として避けてきた気配がある」と述べ、さらに「後期大江作品のコアな読者は、この作家に現代の良識を見出そうとする、比較的若い女性たちではないか」と指摘します。現代社会で発言を求められている「比較的若い女性たち」の視点を解説者が代行し、そのことにより——大江文学を本格的に論じた女性は、これまで日本にはいないと思うので——「新たに始まる」はずの豊かな読解が期待されましょう。

「解説」の中心を占める「セヴンティーン」論は、すでに参照した時代状況の記述に始まり、江藤淳や三島由紀夫などと関連づけて発表当時の文壇風景を一瞥し、大江の初期作品のなかでは一九五九年に発表された『われらの時代』を参照しつつ、若者の鬱屈した精神を「政治的理想と個人的な性向の落差、ずれ……」という観点から読み解いてゆく。そして「アメリカの九・一一同時多発テロから幕を開けた二十一世紀。神に命を捧げるイスラムの若者らに、大江はもう一度、自分の描いた十七歳の少年の姿を見続けていただろう」と指摘して、「政治少年死す」は「政治少年」の「正体を描き切った」ことにより、今こそ「世界中で有効」であろうという結論に至る。

わたしは若い頃に大江健三郎という「危険人物」に出遭い、じつは永遠に「危険人物」の「小説家」であっていただきたいと願っている者です。当然、異なる視点に立つことになる。真の文学作品は、複数の読解を許容する、むしろ世代を超えて誘発しつづけるものであるはずです。そこでISのテロとの関連は脇に措き、半世紀昔に「右翼的な宣伝、テロみたいなことを考えたり、書いたりしていた」という小説家の言語的体験とはいかなるものか、想像してみたい。本格的に論じる用意はありませんが、「ホモソーシャル」な政治集団に固有の言語には「時代性」の結晶のようなものが詰まっている。この半世紀、大江の小説言語が着々と変化して、大筋としては文語的なもの（男性的なもの）から口語的なもの（女性的でもありうるもの）に開かれてきたのは、たんに技法上の単調さを避けるためではない。環境としての言語のなかに凝縮された「時代の精神」に敏感に反応して書き始める「小説家」なのだろうと推察しています。

ところでドイツではすでに二〇一五年から、フランスでは二〇一六年から「セヴンティーン」全編が翻訳公開されているのだそうですね。『全小説 第三巻』の掉尾を飾る日地谷＝キルシュネライト・イルメラの論考は、「世界文学」としての大江文学の、海外における読解の水準を強く印象づけるもの。大学での講義と詳細なテクスト分析を土台にした「「政治少年死す」若き大江健三郎の「厳粛な綱渡り」ある文学的時代精神の〝考古学〟」は、アカデミズムと一般読者の両方に向けられた、堂々たる論文です。読了して、著者が女性であることを強調する必要はもはやない、と感じました。欧米の大学では、女性比率が半分に近づいているところもあり、フローベール研究など、わたしが大学院にいた頃から十歳ぐらい年上の女性たちが最前線で活躍していましたもの。上記論考の「性的なもの、政治的なもの」という短い項目に目を通しただけで、自由で豊かな議論が交わされる教室風景が目に浮かびます。

大江文学にかぎらず、「性的なもの、政治的なもの」は文学研究が避けてとおれぬ問題であり、ほとんどオーソドックスな論述の課題だとも思うのですが、フランス語に親しむことで解放された者としては、一つのフローベール的単語を手がかりに、二〇一八年における「セヴンティーン」との遭遇という体験を、やや異なる角度から文章化しておくことに致します（第Ⅸ回のブログでも触れたように「性愛」という言葉を本の帯で使えない時代に学び始めたのだから、論文にわたしが「シャセイ」という言葉を漢字で書くことは、ありえなかった）。

例文はフローベールの書簡集より。じつはéjaculationという名詞よりéjaculerという動詞のほうが気に入っています。なにしろ五十代の大作家になっても「恨みを発散させ、憎悪を吐き出し、悪意を唾みたい吐き散らし、憤怒をシャセイする」（exhaler mon ressentiment, vomir ma haine, expectorer mon fiel, éjaculer ma colère）なんて手紙に書く人ですから。『ボヴァリー夫人』を書いていた若い頃に愛人に宛てた手紙には――「こんなふうに、文章をシャセイするために、ひっきりなしに（頭を）自瀆するのは止めにして、貴女の胸で頭を休めたい」（reposer ma tête entre tes seins au lieu de me la masturber sans cesse, pour en faire éjaculer des phrases）。奇蹟的に訪れる陶酔の瞬間を、直截に「魂のシャセイ」（éjaculation de l'âme）と呼んだりもする。

何を言いたいかというと、書く営みにおいて「性的なもの」は原初的かつ根源的な体験として、つねに参照されるというだけのこと。江藤淳が文芸時評で「セヴンティーン」を論じ、「大義名分に殉ずることがそのままエロスの頂点をきわめることになり、逆にエロスの頂点に至福をあたえるという行為が「大義」への献身に通じるというような、人間の根源にひそむ二つの衝動の相互交渉の秘儀」として「エロティシズムと政治の関係」を定義したのは正当であり、ここに古典的な定式化を認めることができそうです（引用は尾崎さんの「解説」より）。

ただし、「小説家」は「政治少年」その人ではなく「政治少年」を書く人です。わたしにとって大切なのは、山口二矢の「行動」をいかに解釈するかではなく、テクストをいかに読むか、それはいかに書かれているか、という話。視点をずらし、むしろ「エロスと言葉」「エロスとエクリチュール」との「相互交渉の秘儀」に目を向けたい。じっさい、この作品で「政治」のプレゼンスは控えめであり、天皇制や右翼の政治理念が整然と語られることはない。「行動」としての暗殺は、ページの空白に隠されており、前後の日常の出来事しか書かれない。それでいて少年は、格調高い右翼的文語体の精髄を、またたくまに習得し、その語彙と文体によって思考し始める。まるで自分は作家並みに言葉の人だといわんばかりに……。

「セヴンティーン」にかぎらず、とりわけ初期の大江文学は、フローベールに負けぬほど「性的」ではないか、そう考えたとき、一つの単語が浮上したというわけです。かりにフローベールが大江を読んだとしたら、これらの言葉は「よい感じでボッキしている」と評したと思う（たしか先輩格のゴーティエについて「感じの悪いボッキ」érection de mauvaise natureと酷評している）。張りつめたテクストを平然と読み、主題論的に鑑賞するとしたら……たとえば物置で、少年が猫に唾液を舐めさせて嗜虐的に戯れるでしょ、同じことを十七歳の誕生日と「行動」の直前にやる、しかも、唾液を吐き飛ばすのが、この少年の特徴的な仕草、ダエキとセイエキのアナロジー？――断言しておきますが、かりにフランス語の論文としてこれが書かれれば、まったく挑発的ではありません。

「エロスとエクリチュール」の議論は、フランス文学を専攻し、サドやフローベールやバルトやバタイユやデリダを丁寧に読めば、自然に理解されるもの。じっさい並みのフランス人より精緻なフランス語を身につけた日本の若手研究者をわたしは何人も知っており、あの人たちが日仏の狭いアカデミズムの外に船出して、鋭利な批評的意識をもって「世界文学」としての大江文学を論じるようになれば……と夢想せずにはいられません。

ところで批評言語に男女が平等に参画しているか、という点に関して、日本は絶望的に後進国。最大の要因は、大学のポストとか、文壇やメディアでの発言権や既得権とか、つまり制度的なものであると思います。話題を性的な主題に絞るなら、漢字をつかった日本語は、アルフアベットの言語より、イメージの喚起力が強いから、たとえば「男根的」よりも「ファリック」と片仮名で書いたほうが、大人しくて、エレガントかな、というぐらいのことはあるかもしれない（そう思いませんか？）。言語そのものの内包する性差の力学が、弱者にさらなる抵抗感を植えつけているという説明は出来ますが、その反証といえそうな逞しい例に、たまたま出遭ったところです。ソルボンヌ大学に提出したフランス語の博士論文を全面的に――「あとがき」によれば「詩的に」――日本語で書き直し、日本語の性的語彙をめぐる禁忌や抑圧などどこ吹く風と、サド侯爵の暴力的エクリチュールを涼しい顔で論じきった書物【*1】。外国語を徹底的に学び、その内部に身を置いてみることで、貴女はこのように解放されたのですね、と著者に語りかけたくなりました。

最後にひと言。世界的に認知された「エロスとエクリチュール」のメタファーが、一方的に男性の性にもとづくという、やや押しつけがましくも感じられる批評言語の特性について、違和感を表明することもできましょう。それはそれとして、ヴァージニア・ウルフならきっと、「そんなイヤらしいこと考えなくても、面白い小説は書けますよ」と言ってのけるにちがいない。ウルフさまのおっしゃることは、いつも正しい、とわたしは考えます。

2018.9.7

*1　鈴木球子『サドのエクリチュールと哲学、そして身体』水声社、二〇一六年。

《XIII》

大江健三郎と女性（三）——「全小説」とfictionとしての「小説家」

「個人全集」は何のために編まれ、刊行されるのか、考えてみたことはありますか？　それは「特別なできごと」であって「その作家の大御所としての地位を出版市場を通じて改めて確認するだけでなく、文学研究にとっては、出版社の入念な編集作業を経たその作家の仕事の全容を見渡す、新たな立脚点が得られることを意味する」というのは、『大江健三郎全小説』の初回配本、第三巻の巻末に収録された論考【＊1】の冒頭にある言葉。筆者はドイツ人の日本文学研究者であり、大江文学は「世界文学」として読まれてほしいと願う者として、異論はありません。

たとえば「丸山眞男全集」など、大学の学問を背景とした「全集」を、比較の例としてみましょう。著者が生前にみずからの業績を整理・選別して刊行することもあり、死後に弟子たちが編纂にかかわることもありますが、とりわけ後者のケースでは、学知の継承という抽象的な行為が、さながらブルジョワ社会の遺産相続にも似た波紋を呼び起こすこともないではない。選ばれた「弟子」と「大御所」とのあいだには「父と嫡出子」のような認知の関係があるのではないか、それが「学問の制度化」を招くのではないか、といった屈折した論評は、しばしば聞かれるところです。

文学の個人全集には、そういうことはない？　でも「漱石全集」なら日本文学や比較文学の領域に膨大な「漱石学」の蓄積がありますから、大学の学問的権威を体現する編集企画を立てること自体は、他分野と同じく可能でしょう。一方、出版社が主導して、文壇で活躍する作家たち、評論家たちの解説とともに、主要作品を刊行することもできる。いずれにせよ「全集」の刊行に寄与する編者や解説者と作家との組み合わせ自体に、研究者間の知的血縁関係の開示のようなドラマを見てとる人はいないと思われます。

つぎに存命中の作家の特徴ある一例を。チェコとフランスで人生の前半と後半を過ごしたミラン・クンデラが、二〇一一年にガリマール社のプレイアード叢書に入りました。長い伝統に逆らった破格の編集なのですが、ノーベル賞か、アカデミー・フランセーズか、それともプレイアードか、と昔は冗談にいわれたほど「権威」ある叢書ですから、この企画がすんなり通ったとは思われない。叢書の標準的な形式を破壊しているのです。著者の選択した小説や評論の決定版の総体が、著者自身が最終的に認知した「作品」（単数形のŒuvre）としてヴォリュームのほとんどを占め、注釈や草稿や改稿のたぐい、「年譜」や「評伝」などの情報は全て潔くカット。遠いカナダ在住の比較文学者によるBiographie de l'œuvre（「作品の作られた事情と方法」という感じか）と題した控えめな「作品解説」が巻末についている。

この簡素な造りに秘められた強い意志とは何か？　カフカの遺稿をめぐる批判的なエッセイ『裏切られた遺言』をお読みになった方は、言われるまでもない、とお考えでしょう。遺言によって破棄されたはずの草稿を根拠に「作品」が他人の手で改竄されること、死後に本人が与り知らぬ恣意的な解釈に曝されることは、断じて拒絶・回避するという宣言。「全体主義」の時代のチェコで、「検閲」と親密圏への権力の介入を体験しつつ作家になった人の「防衛」の仕草のようにも見える。しかし、ここまで徹底した「作品」の囲い込みに違和感を覚え、こんなふうに、みずからの「遺言」の「執行人」までやってしまうとは?!　と妙な切なさを感じる人もいるようです。若き友人の言によるなら、プレイアード叢書はどことなく「柩」に似ている……。

「おそらく最後の小説」であると大江自身が言う『晩年様式集《イン・レイト・スタイル》』の最後に近いページで、「三人の女」の一人によって、暗示的な言葉が発されます。「人生のしめくくり」をクンデラの「作品《ウーヴル》」に達成する――引用だけではわかりにくいかもしれないけれど、「作品」の決定と開示・刊行が、しめくくりの営みとなるはず、ということでしょう。

七月に刊行され始めた『大江健三郎全小説』の「モデル」がクンデラのプレイアード版だろう、などと言いたいわけではない。当然のことながら「全集」編纂の構想が、文学の真価を保証するわけではないし、じつはクンデラの「作品」論には、イデオロギー的権力論の限界と退屈さのようなものが看取されるのではないかという気もします。それはそれとして、二つの「全集」を比較してみたら面白いかな、とは思う。そもそも注や関連資料を排した「簡素な造り」

は似ているし、「大江健三郎年譜」が別添で折込みになっているのは、クンデラの場合と同じく、「作品」は作品として自立している（小説は作家の人生の反映・反芻ではない）という趣旨でもあろうと考えます。わたしの手元にあるのは第三巻のみですから、無責任な予感のような話だけれど、クンデラの全集に「全体主義」との闘いの痕跡が見てとれるとしたら、大江の全集は「戦後民主主義」の精神を裏切らぬものとなりそうです。何であれ「権威」や「権力」に対しては距離を置くとか、女性と外国人の参加とか……でも、この点は、すでに前々回と前回（XI、XII）で論じましたから、最後に「全小説」という枠組みと、「小説家」と「作家」の関係について考えてみることにします。

それというのも「小説家」と「作家」は同じではない。当りまえ？　でも定義はむずかしいですよ。大江健三郎の場合、本人の用語法は明快です。『私という小説家の作り方』（一九九八年）を『大江健三郎　作家自身を語る』（二〇〇七年）と読み比べてみればわかる。後者は、この度の「全集」で解説をつとめる尾崎真理子さんがインタヴュア（聞き手・構成）。帯には「作家生活五十年を語りつくした、対話による自伝」とある。口絵写真には、渡辺一夫から贈られた額のまえで執筆する「作家」の姿、エドワード・W・サイードの横顔などが飾られた書斎、家族とのひととき、故郷の風景、等。「作家」の中核をなすのが「小説家」であることは自明として、「作家」は生活者でもあるから、巻末では「一番好きな季節、お天気は？」「一番好きな花、樹木は？」「一日で一番好きなひとときは？」といった質問にも立ち向かう。政治的な選択をした社会人として、広島や沖縄や福島をめぐる市民運動にかかわり、発言し、さらに関連の本を書くのも「作家」の仕事。文学の功績によりノーベル賞を受賞するのも「作家」です。

さて『私という小説家の作り方』は、もともと『大江健三郎小説』全十巻（新潮社、一九九六―九七年）のために書かれた「月報」の文章です。第八章「虚構の仕掛けとなる私」によれば、一般に日本で「私小説」と呼ばれるのは「一風変わった告白癖のある人間」の書くものであり、そのような「小説家とは、ドキドキするような私の秘密について語らずにはいられぬ人間」「いったんそれを語り始めると、どのようにでも図々しくなり、語りつづけて倦まない人間」であるとのこと。このような「私小説」の伝統に対する自覚的な距離を語る文章を引用します。

> 『懐かしい年への手紙』への展開で、その後の私の小説の方法に重要な資産となったのは、自分の作ったフィクションが現実生活に入り込んで実際に生きた過去だと主張しはじめ、それが新しく基盤をなして次のフィクションがつくられる複合的な構造が、私の小説のかたちとなったことである。この点において、私は日本の近代、現代の私小説を解体した人間と呼ばれていいかも知れない。

フィクションと現実の境界があいまいになるというだけの話ではない。「私」が「虚構の仕掛け」となることで、一つのフィクションが書かれるたびに、次なるフィクションに取り組む新たな「小説家」が卒然と姿を現すかのようなのです。いいかれば「小説家」が「小説」を作るというより、「小説」によって「小説家」が作られるのではないか――これが『私という小説家の作り方』の示唆するところであるように思われて、今回は「fictionとしての「小説家」」という言葉をタイトルに掲げてみたわけです（横文字を使うと、「作り出されたもの」という語の原義に立ち返ることができそうな気がするので）。

近代ヨーロッパの伝統には「芸術家小説」という確固たるジャンルがあります。作家志望の青年が、芸術とは、文学とは何か、とみずからに問いながら、人生経験を積む、そのプロセスが「修業時代」として報告されるもの。ジョイスの『若き芸術家の肖像』はその代表でしょうが、プルーストの『失われた時を求めて』も、あまり知られていないフローベールの初期作品『初稿感情教育』も、そのような読み方ができる。ただし、ここでは大江健三郎のいう「小説家」との相違を強調することだけが重要です。

くり返すなら「芸術家小説」は一般に「芸術家」の誕生を、つまり「書き始める」までを回想する物語です。ところが大江は『晩年様式集《イン・レイト・スタイル》』のなかで「小説」を「書きやめる仕掛け・様式」を「小説家」に考案させている――やはり小説の歴史に前例がないのではありませんか？

『大江健三郎全小説』全十五巻が刊行されたとき、クンデラの用語でいう大文字・単数形の「作品」が全貌を現すことでしょう。それだけでなく「「作品」のBiographie」を超えるものとして、また、いわゆる「作家の評伝」とも異なる次元に、真に迫力ある「「小説家」のBiographie」が浮上するのかもしれません。「同時代人」たちが生きた昭和・平成の持続する長い時間のなかで、透徹した「時代の精神」の語り手でありつづけた「小説家」……。

2018.9.21

＊1　日地谷＝キルシュネライト・イルメラ「「政治少年死す」若き大江健三郎の「厳粛な綱渡り」ある文学的時代精神の〝考古学〟」『大江健三郎全小説3』講談社、二〇一八年。

《XIV》

女のエクリチュール

Y　お久しぶり。このところあなた、フェミニズムの矛先が鈍っているのじゃない？

K　いいえ、怒るネタはいくらでもありますよ。女子や浪人の受験者を一律減点していた（！）という医大の不正入試。ＬＧＢＴの「非生産性」（！）なるものをめぐる与党女性議員の問題発言とその後のメディア論争の顚末。最近の極めつきは、新内閣の女性閣僚が一名だけ（！）という強烈な差別。今年六月に発足したスペインの新内閣では半数以上、十七人中十一人が女性（！）だというのに……。

Y　そりゃ、意気阻喪するわよね。しかも首相の弁明のお粗末さ。わが国における「女性活躍」はまだ始まったばかりだから……一人でも二人分、三人分の活躍をしてもらおう……。

K　それって、女は育児と仕事と介護で三人分の活躍をしろというのと、なんか似てません？

そもそも「始まったばかり」というのは永年首相の座にあった者の発言ではない。宿題をさぼった子供の言い逃れですよ。本人が「代表制」を「代表」する立場でしょ、いったい何を謂わんとしているわけ？　昔なら夫婦喧嘩で負けそうになった亭主が相手の正論を「女の浅知恵」とか決めつけて逃げる、みたいな感じかな？

Y　ん⁇　「三人分」という「屁理屈」が「女の浅知恵」というなら、わかるけど。でも、それじゃ女に失礼ですよ。それより、メニュー。

K　お、ポルチーニがある。秋ですねえ。

というわけで今回は、東京駅前、新丸ビルの高層階にあるらしいイタリアンでのおしゃべりから始まりました。Yは山田登世子さん。回想された場面というより、このブログではお馴染みのスタイル、つまり冥府との対話です。一昨年の夏、登世子さんが急逝されてから、いろいろと思い返す機会があり、文章を書くのも今回で三度目になる。まずは追悼のために編まれた『月の別れ――回想の山田登世子』【*1】のエッセイ、そして再刊される『メディア都市パリ』【*2】の「解説」を書き、まだ何か書き足りない、さらに大きな同時代性みたいなものがあるはず、という強い思いに促され、考えつづけているところです。

以前のエッセイでも述べたように「批評言語に男女が平等に参画しているか、という点に関して、日本は絶望的に後進国」（XII回参照）なのですが、その日本の戦後社会において、山田登世子は初めて〈批評〉とは何かを真剣に考えたひとであり、さらには初めて〈女のエクリチュール〉を実践したひとだった、とのっけから、いささか無謀に断言しておきましょう（文学の創作という領域は別枠と考えます）。

面識もないままに本を送り合うようになったのは、かなり昔のことですが、名古屋にお住まいの登世子さんが上京するときに声をかけてくださり、新幹線に飛び乗る時間まで、新丸ビルのレストランで語り合うようになったのは、たぶん十年ほど前からです。おたがい個人的な事情もありますから、数えるほどしかご一緒したことはないけれど、やはり特別のひとだった。やや古めかしい言葉だけれど「連帯感」solidaritéというのでしょうか、「書くひと」としての山田登世子を語ってみたいのです。

でも、その前に「語るひと」について、ごく簡単に。女どうしのヒソヒソ声での打ち明け話は大嫌い、というところは似ていたと思う。登世子さんの自己紹介は、筑豊炭田のボタ山から始まりました。父上が弁護士で、荒っぽい労働者の傷害事件などを引き受けることが多く、それこそヤクザまがいの男たちに可愛がられて自分は育った、と。気風がよくて洒脱なひとであり、「婀娜《あだ》っぽいヤクザのお姉様」と題した短文をわたしが追悼集に寄せたのは、新丸ビルのレストランで美味しいものを食べながら、日本のオトコ社会を斬って斬りまくり、言いたい放題を言い合った二人の出遭いを記念するためでもありました。

ところで「ヤクザっぽいエクリチュール」というものが、あるでしょうか。そんなことを考えてしまったのは、一九九一年に、山田登世子は蓮實重彥に「喧嘩を売って」いるからです。『メディア都市パリ』の「ほんとうの後書き」という不思議なタイトルをつけた「後書き」の締めくくりにある話。ここは一呼吸して、しっかり想像していただきたい。数少ない女性研究者は男性研究者の語彙と論法を習得して作法どおりの論文を書き、少数の立派な「女性作家」はいたけれど「批評家」として認知された女性は同時代にも過去をふり返っても皆無、まさに前例がない、という時代だったのです。

『メディア都市パリ』のほんとうの目標は「霊感」の解体であったと著者は「ほんとうの後書き」で述べている——「バルザックやユゴーは霊感によって書いたなどという紋切り型を放置しておいてはならない。ましてや、小説は、霊感によって書きえなくなった者の失望の体験から始まるといった物語がまことしやかに流通するのを放置しておいてはならない……」と。「近代小説はフロベールから始まると断定するその本」が『物語批判序説』【*3】であることは言うまでもないとして、「バルザックやユゴーは霊感によって書いた」という「不用意な断言」については、「紋切り型を回避し、凡庸を指弾するに周到な言説を用意する蓮實節にはあまりにそぐわぬ凡庸な断言」であると断定する。「喧嘩を売って」いるのか、「因縁をつけて」いるのか。そこまで言ってしまった山田登世子はいかなる仕掛けと戦略をもって論争に臨むのか……。

『メディア都市パリ』には、三つの論述の層があると思われます。第一に、バルザックは霊感によって書いたのではなく、市場原理に翻弄されながら、社会的に成り上がるために世俗の欲望に突き動かされて書いたという主張。そしてこれを実証的に裏づける文化史的な議論。第二に、ジャーナリズムから印刷出版の業界までを支配して、連載小説や学芸欄を創設し、メディア時代の市場原理を生みだした当人である新聞王ジラルダンの人物像。バルザックの執筆環境は、この層において外部から規定されている。そして第三に、ジラルダンの妻デルフィーヌがシャルル・ド・ローネー子爵という偽名で書いた『パリ便り』の軽妙な時事評論。論述の順番はこの逆で、男のふりをした女の書き手の浮薄な連載コラムの浮薄さを、そのまま衣装にまとったかのような導入はじつに心地よく、その「登世子節」に誘われて、読者は問題の核心へと導かれるというわけです。

バルザックは統治者のいない孤島に漂着したロビンソン・クルーソーのようなもの。書斎にこもり、新聞連載が課す苛酷な物理的条件を睨みながら、恐るべき気迫で白いページを埋めてゆく。そのような作家のエクリチュールは、文字通り「征服のエクリチュール」であると著者は語ります。対極にあるのは、ジラルダン夫人の「戯れのエクリチュール」。コラム特有のミーハー的で挑発的な語り口は、いくぶんか『メディア都市パリ』の著者にのりうつり、そのまま変わることなくモードをめぐる終章に至る。

こうした周到な仕掛けを内包し、性差を露呈させつつ書くことを実践し、その営みのなかで権威に追従しない「批評性」を志向する『メディア都市パリ』のテクストを〈女のエクリチュール〉と呼ぶことに躊躇《ためら》いはありません。

ただし、こうした特徴は、それ自体として『物語批判序説』への反論を構成するわけでは全くない。『メディア都市パリ』との齟齬が生じるのは、どの時点をもって現代の起点とみなすのか、どの時点に過去との断絶を、あるいは決定的な〈新しさ〉の「始まり」を想定するのかという設問についてです。山田登世子はブルボンの復古王政が崩壊し、七月革命によりルイ＝フィリップのブルジョワ王政へと移行する一八三〇年を〈新しさ〉の起点と考えて、その根拠に「流行語」をめぐるバルザックの論評を取りあげる。これに対して周知のように、『物語批判序説』は第二帝政への移行期一八五〇年に「説話論的な断層」があり、これ以降は現代と「同時代」であると考える。つまり考察する時代がずれているだけのこととも言えるのだけれど、おそらく『メディア都市パリ』の著者はそんなことは百も承知のはず。いいかえれば「ほんとうの後書き」に、一九八五年の蓮實重彦『物語批判序説』と一九八八年の蓮實重彦・柄谷行人『闘争のエチカ』【*4】がほとんど唐突な感じで登場するのは――なにしろ本文では全く言及されていないのだから――別の明かされぬ理由があるのではないか……。

そう考えて、わたしは律儀にも『物語批判序説』と『闘争のエチカ』を『メディア都市パリ』と合わせて読んでみたのです。いってみれば一九八〇年代後半における山田登世子の思考の軌跡を追体験しようという試みです。読後の感想として、少なくとも次のことは断言できる。『物語批判序説』の意図は『闘争のエチカ』を合わせ読むことで、より明晰に理解されたはずであり、『メディア都市パリ』は「ほんとうの後書き」に明記された二冊を充分に咀嚼したうえで、考察の枠組みや話題やキーワードを借用＝活用して書かれている。順不同で羅列するなら、まずは凡庸化のプロセスとしての「物語」、すなわち「物語」は「事件を共同体の容認するイメージに翻訳する作業」であるとか、これを踏まえた「ニュース」と「物語」の関係とか、あるいは「表層」「流行」「広告」「新聞王ジラルダン」など。とりわけ「境界」の概念は重要で、それは『闘争のエチカ』における「共同体」とその外部という議論の潜在的な主題ともなっている。そしてもう一点。時代的な展望としては『物語批判序説』前半の舞台は第二帝政だが、後半はプルーストをきっかけに「終わりの断言」「終焉の儀式」を論じて現時点のロラン・バルトに至る。

そこで登世子さんは、こんなふうに考えたのかもしれないと思うのです――自分は「終わりの断言」と対をなすはずの〈新しさ〉の「始まり」を描いてみよう。わたしたち女が「共同体」や「国家」において男と同じ空間感覚をもてぬことは、女にとっては自明の事実だけれど、この話を男たちが書いてくれるだろうと期待するのは、いかにも甘い。ともかく女が自分で書いてみるしかない。ちなみに最先端の「批評家」たちは、文学を「外国語化」するとか、批評家は「絶対外国人」とか言うけれど、わたしに言わせれば現代日本において「異邦人」であることは、何かを語ろうとする女の日常感覚なのですよ。だからとりあえず戦略的に、ジラルダン夫人の「ミーハー趣味」を、いえ、もちろん嫌いじゃないってこともありますけどね、自分のものにしてみようと考えた。ポストコロニアリズムやフェミニズムの真剣な「越境」願望は、「共同体」とその外部を分かつ「境界」を、自明の所与として受容したところから始まっている。これが「中心と周縁」という図式に置き換えられることもあるけれど、これらの空間的な表象は「反体制」と呼ばれる体制内部の「物語」を倦むことなく反復し、じつは既存の「共同体」を補強してしまう。こういう二項対立的な運動を、先鋭な〈批評〉の言説が「反動」と呼ぶことぐらい、ちゃんとわかっています。だから、わたしは『メディア都市パリ』の最後の小見出しに「モードは境界におよび」という言葉を選んだ。男と女の「境界」を攪乱すること、流動化すること、希薄化することをめざして……。

さて、この先は、デザートの席。薫り高きエスプレッソとともに、しっとりふっくらしたティラミスを賞味しつつあるYとKの対話ということで。

K　いろいろ考えたおかげで、登世子さんにとってミシェル・ド・セルトーがいかに重要か、よくわかりました。「征服のエクリチュール」の出所は登世子さん自身が訳されたセルトー【*5】であって、ピーター・ヒュームの『征服の修辞学』ではないことの重要さが……今頃わかったの？　と叱られそうだけれど。

なにしろわたしは親の疎開先の何も変哲もない東京郊外で生まれ育った平凡できまじめな少女でしたから、とても晩生《おくて》なんでございます。それにね、昭和の「東京」は、今考えると、たとえば石原裕次郎みたいな男臭い男の都会だった。大人しくて純情な文学少女として居場所をさがすしかなかった。なおのこと、登世子さんのヤクザっぽいパフォーマンスが見事だと思うわけ。その後『物語批判序説』の著者にちゃんと「仁義を切って」おられる。

Y　一九九五年の「ちくま学芸文庫」のことね？　現代社会の〈始まり〉はロマン主義の時代にあったという断言の無謀さを見抜いてくれるひとは、蓮實重彦のほかにない、とわたしは「文庫版後書き」に書いた。だいたい立派な男に女が難癖をつけるのは密かに惚れているからで、シティボーイならそれがわからぬはずはないけれど、知って知らぬ顔をするのが、ほんものだわよねえ。ともかく見事な「批判的な解説」を書いてくださった。

K　とりわけ最後の部分、しびれました。

Y　大事なところだから、ちゃんと原文を引きますけど、『メディア都市パリ』が捉えたのは〈新しさ〉の一代目であって、その後の移行や発展を「あたかも自然な成り行き」のようにみなしている、しかるに「近代にこそふさわしい一代目と二代目の間で演じられる反復という名の苛酷な葛藤」があるはずで、これを著者は「いささか過小評価しているかのようだ」と。

K　「反復という名の苛酷な葛藤」が一八五〇年に始まるとすれば……。

Y　そう『物語批判序説』の射程には、たしかに一八三〇年の七月革命が入っている。

K　登世子さんが、その部分をヒントにしていることに、わたしは遅ればせながら気がついた。というわけで、話の結末は「ミーハー趣味」でまとめることにして――『メディア都市パリ』の一九九五年文庫版は、藤純子みたいなヤクザの姐御と高倉健の出遭いの場面で幕。

Y　フム、すてき……。で、あなたが「解説」を書いた二〇一八年版ハードカヴァーは？

K　うーん、わたしはきまじめな郊外の少女だからね……。でも、いつも言っていたじゃない？世の中、ろくに読まずに書いたような「書評」や「解説」が多すぎるって。こんなにきまじめに一冊の本を読もうとする者が著者の身近にいるってこと、とても大事でしょ？　女だってかけがえのない個人なんだから。一人じゃなくて二人いるって、そういうことよ、連帯感です！一人でも二人分、三人分の活躍をすればいい、なんてさ！　ロボットの性能じゃあるまいし……愚かな首相発言にまたふつふつと腹が立ってきました。

2018.11.2

＊1　山田鋭夫編『月の別れ──回想の山田登世子』藤原書店、二〇一七年。

＊2　山田登世子『メディア都市パリ』青土社、一九九一年／ちくま学芸文庫、一九九五年／藤原書店、二〇一八年十一月刊行。

＊3　蓮實重彥『物語批判序説』中央公論社、一九八五年／中公文庫、一九九〇年／講談社文芸文庫、二〇一八年十二月刊行。

＊4　蓮實重彥・柄谷行人『闘争のエチカ』河出書房新社、一九八八年／河出文庫、一九九四年。『柄谷行人蓮實重彥全対話』に収録、講談社文芸文庫、二〇一三年。

＊5　ミシェル・ド・セルトー『日常的実践のポイエティーク』山田登世子訳、国文社、一九八七年。

《XV》

ゼラニウムの微かに淫靡な匂い——続・女のエクリチュール

昨年の夏、羽鳥書店から〈淫靡さ〉をめぐる小さな共著【*1】を出版しましたが、その書物と全く無縁ではないものの、このブログの流れからすれば、タイトルは「続・女のエクリチュール」としてもよい。前回に述べたように山田登世子さんは、日本で初めて〈批評〉の領域に斬りこんだ稀有な女性でした。同時代を生きた自分の人生をふり返りながら、そのことをあらためて考えているところです。『メディア都市パリ』は、著者の言葉によるなら「戯れのエクリチュール」によって「ファロスの王国」に挑戦したものであり、世に言う再評価とは異なる文脈で、そう、ここはいささか大上段に構えることをお許し願うとして、戦後日本の〈批評〉における女性的な言説の希少なプレゼンス——正確には、ほぼ全面的な不在——という歴史的な事実をふまえ、今現在の文脈で、その華麗な演技が認知されることを願っています。

「続・女のエクリチュール」は、その〈批評〉と対になる〈小説〉について。こちらは現代日本にとらわれず、コレットとウルフ。主題はテクストの「決定的な細部」としてのゼラニウム、その微かに淫靡な匂い。じつはこの話、以前にちょっとふれたことがあり、そこではフローベールとプルースト、いずれも両性具有的な傾向のある男性作家がちらりと姿を見せています。本題への導入として、まずはコレットのアカシアを。

代表作『シェリ』（一九二〇年）の極めつきの場面。ご存じのように、ヒロインのレアは引退したココット（「高級娼婦」とか「粋筋の女」とか訳される）。息子ほど歳のちがう美青年と恋に落ち、何年か生活をともにしたのち、その美青年に結婚話がもちあがるというのが幕開けの状況です。その冒頭から時計をまきもどして馴れ初めの季節。夜の庭園からさっと吹きこんだアカシアの香りに誘われて、初めての口づけが交わされるというだけの場面なのですが――その香りがあまりに能動的（si active）だったので、吹きつけた香りの歩みを目で追うかのように（comme pour la voir marcher）ふたりはそろってふりむいた。「薔薇色の房のアカシアだわ」と女はつぶやき、青年はこれに応じて「しかも今夜はオレンジの花の香りをたっぷり吸いこんでいる」とひと言。あまりに繊細な感覚に、ふと胸を衝かれた女が青年の顔を見つめると、恍惚とした生贄《いけにえ》のような表情が浮かんでいる。青年がレアの名を呼び、レアが近づき、そして長い接吻の陶酔が過ぎたとき、睫毛のあいだにキラキラ光る二粒の涙を浮かべているのは青年の方。

男が女の唇を奪うのではありません。レアの仲間のココットの私生児であるシェリは、美形という意味では絶品といえますが、じつは甘やかされた悪ガキで、早くも放蕩に疲れている。

一方のレアは「三十年のあいだ輝くばかりの若者と傷つきやすい思春期のためにつくして」きた自分に「清潔感と誇り」をおぼえている聡明な女。思えばハリウッドの恋愛映画もヨーロッパの近代小説も、ひたすら男に唇を奪われ所有される女たち、お決まりのように恋人に去られて深く傷つく女たちを、それこそ無数に生産してきたのだから、やはりコレットは革命的に新しい（ついでに強調しておきたいのは、偉大なジョルジュ・サンドをふくめ女性作家たちの大方は、男性の期待に応える「告白小説」というスタイルを捨てきれずにいたという事実です）。愛と別れの物語でありながら、レアとシェリの関係は所有欲とも心理的な必然性とも無縁な出来事として推移するように見えるのです。ふたりがこうなってしまったのは、ただ単に、さっと室内に吹きこんだ生々しいアカシアの香りのせいだといわんばかり。

蜜蜂をおびきよせるアカシアの甘くかぐわしい匂いは、そうしたわけで、この小説の「決定的な細部」であると断定できそうです。しかも豪奢な「薔薇色」の品種。ここではアカシアの一般的な色は白という了解が暗黙の前提となる。acacia à grappes roséesという原文は、言葉の響きからしてもワインの「ロゼ」のような色合いを思わせるのでしょう。でも女が独り言のように小声でつぶやく台詞なのだから、訳者としては説明的な言葉で〈声〉のリズムを損ないたくはない。「ロゼのような淡い薔薇色の房のアカシア」とか「薔薇色がかった白の房のアカシア」とか、さんざん考えた挙句、いさぎよくあきらめることが、翻訳の宿命であるように思います。

さて、その対極にある、もうひとつの「決定的な細部」は「薔薇色のゼラニウム」。こちらはgéraniums-rosats——見慣れぬ言葉だなあと思って大きな辞書を引くと、この表現がそのまま引かれて用例に載っている。それほどにコレットは語彙が豊富、微妙なニュアンスのお手本として参照される作家なのですが、ちなみにrosatという単語の定義は「薔薇色の」de couleur roseというだけで、これだから辞書は役に立たないという見本のようなケース。おそらくは、よくある濃いめのピンク。「ロザ」という音の切れ味ゆえに選ばれたのでしょうか。つづいてゼラニウムの匂い、ということになれば、コレットを語るまえに、ひと言プルーストに言及しないわけにはゆきません。

それというのも主人公の「私」が恋人のアルベルティーヌ相手にヴァントゥイユの天才を説明しようとするときに、その本質は「ゼラニウムの花のかぐわしい絹の肌」la soierie embaumée d'un géranium「楽曲のゼラニウムの芳香」la fragrance de géranium de sa musiqueといった語彙で語られる。しかも、アルベルティーヌと出遭った夏の思い出にも、こんな微妙な話があるのです。あるかなきかの卑猥さを含んだ娘の挑発的な笑い声を耳にして、疼くような不安をおぼえた語り手が、これを「ゼラニウムの匂い」に譬えている。その匂いの特性は「ちょっといがらっぽく、官能的で、秘密を明かすような」âcre, sensuel et révélateurと形容されています。ほかでも思いおこされるイメージによれば、プルーストのゼラニウムは、やはり濃い薔薇色であるらしく、なめらかな花弁の物質性が、健康な少女の頰の「肉色」carnationと結びつく。この言葉、語源的には文字どおり「肉の色」なのです。だからアルベルティーヌの不謹慎な笑い声が、体内の肉の壁をこすって、欲望を誘う粒子を運んで……などという、きわどい幻想が立ちのぼるのかもしれません。ともあれ「私」にとって、ヴァントゥイユの音楽は、薔薇や百合などのピュアで圧倒的な香りではなくて、いささか微妙な植物のフレグランスを放っているらしいのです。

それにまた、ゼラニウムは花に固有の香りはなくて、葉っぱをこすったときに強い芳香を放つという経験的な事実も強調しておかねばなりません。調べてみるとアフリカ原産のgéranium-rosatは、名称としては十九世紀には知られており、薔薇の匂いに近い葉のアロマオイルを抽出しようという試みも早くからあった【*2】。とはいえ今では数えきれぬほどの園芸種が存在しますから、わたしたちが花屋で目にするゼラニウムから百年前のフランスで海辺や庭先に咲き誇っていた野生に近い植物の芳香を想像することは不可能に近い。わたしのテラスで十年来白い花を咲かせている小さな鉢植えも、期待するような「淫靡な匂い」を放ってはくれません。

それはそれとして、以上に見たようにプルーストの世界では、よく知られた「薔薇色のサンザシ」(幼いころ憧れの少女だったジルベルト)と対をなすかのように「肉色のゼラニウム」(思春期に出遭い性愛や嫉妬の伴侶となるアルベルティーヌ)という幻想が見え隠れする。コレットのアカシアとゼラニウムにも、ごくささやかながら、どことなく似た感じの対比が見出されるような気がします。

というわけで長い回り道をへて、ようやく『シェリ』の本題に辿りつきました。結婚してしまった美青年への思いを断ち切るために、レアは南仏に旅立ち長い休暇をすごして早春のパリに帰還する。いくつもの出遭いや出来事を反芻し、一夜の情事を思いおこしたところ。

「馬鹿な男……」彼女は溜め息をついた。

あのゆきずりの男の愚かしさは見逃してやるつもりだったけれど、自分に気に入られる術《すべ》を知らなかったことだけは赦せなかった。忘れっぽい肉体をもった健康な女である彼女にとって、もはやムッシュー・ロランは、いささか滑稽で、たいそう不器用なふるまいにおよんだつまらぬ大男でしかなかった……。今となっては身におぼえがないとレアは言ったかもしれない。あふれる涙に目がかすみ――あれは薔薇色のゼラニウムのうえを、草の香に染まった驟雨《しゅうう》がころげおちる雨の晩のことだったが――ムッシュー・ロランの姿が一瞬かき消され、シェリの面影にすりかわってしまっていたことを……。

筋骨隆々の鈍重な大ばか者、とレアが心のなかで罵倒する相手は、ただの好青年なのですが、それはどうでもよいとして。問題は「薔薇色のゼラニウムのうえを、草の香に染まった驟雨がころげおちる雨の晩」certain soir de pluie où l'averse roulait parfumée sur des géraniums-rosats という指摘。大粒の雨に打たれた叢《くさむら》から、もわっと青臭いゼラニウムの匂いが立ちのぼり、それが水滴に沁みこんでいるのでしょう。でも、誰がそんなことを確認しているの？　もちろんレアでもないし、間抜けな大男でもない。そう問いかけながら、わたしは雨に打たれて宵闇にひっそりと咲く小さなピンクの花が、たまらなく愛おしいと感じてしまうのです。

断言しておきましょう。これが〈女のエクリチュール〉というものです。ヨーロッパ近代小説が、うんざりするほど女性を花に譬えてきたことはご存じのとおり。あでやかな大輪の薔薇？　乙女の純潔を思わせる白百合？　野辺に人知れず咲く可憐な菫？　いずれも単純そのもの。男の所有欲と権力欲の陰画としての象徴的形象であることは、否定しようがないはずです。くり返すなら、そうした文脈において革命的といえるコレットの世界において、強い芳香をもつアカシアとゼラニウムが匂いたつのです。男の攻撃的な性に艶然《えんぜん》と対峙して。男に捨てられて泣く女にはならぬという独立宣言さながらに。

ごく最近のこと、ヴァージニア・ウルフの『波』（一九三一年）のなかでそのゼラニウムに出遭い、見知らぬ土地で親しい友の姿を見かけたように胸がときめきました。それにしても、この手に負えぬ小説をなんと形容したらよいものか。まさしくサイード的な意味での「レイト・スタイル」にちがいない（XI・XIII回参照）。芸術家の生涯をかけた営みの総集編であると同時に、その解体と破壊でもあるような、不穏にしてラディカルな試みであり、作家の野心という意味で、大江健三郎の『晩年様式集《イン・レイト・スタイル》』（二〇一三年）に匹敵するといえましょう。

最も難解な代表作の一つとみなされる『波』についての然るべき解説は、邦訳の著作集【＊3】はもとより、ウィキペディアなどでも読むことができますから省略。ネット上で見つけた論文【＊4】によれば、この時期、ウルフは人生を「銀色の球」のようなものとして思い浮かべていたらしい。来る日も来る日もその「球体」の感触を味わいながら、プルーストを読もうと思う、行きつ戻りつして読もう、と日記に書いている。『失われた時を求めて』の最終巻が刊行されたのは一九二七年であり、ついに完結したプルーストという「球体」が、『波』を執筆するウルフにとって目前の参照点であったことは頷けます。具体的な技法やアイデアを借りるというだけでなく、プルーストの「私」による語りの豊かさを日々の滋養にしつつ――プルーストがフローベールの半過去や自由間接話法を滋養にしたように――ヴァージニア・ウルフならではの〈小説〉を産みだすために、未知の可能性に挑んでいたにちがいない。

ウルフはこれを「自伝」とも呼んでいたようです。男女それぞれ三名の登場人物の「意識の流れ」を順繰りに文字化しただけという建前の、なんとも不思議な〈小説〉です。夜明けから日没まで、海と天空の変容を描いた散文詩のようなイタリックの断章が、全部で九篇、幕間の音楽のように挿入されており、子供が老人になるまでの時の流れを暗示する。幕開けは学齢期の少年少女たち。ここで『波』のプルースト的な側面と言えそうな特徴を一つ――『失われた時を求めて』の第一巻「コンブレー」はメルヘンの空間でもあって、教会の古い石畳が蜜のように溶けてしまったり、陽射しの降り注ぐ教会の尖塔が香ばしいブリオッシュに見えてしまったり。言葉の力が風景の変容をもたらし、モノを現前せしめ、世界を創造することを、おとぎ話を読む子供たちは本能的に信じている。「コンブレー」の少年時代が最も華やかなメタファーの舞台となるのは偶然ではないはずです。比較の一例としてジェイムズ・ジョイスの『若き芸術家の肖像』（一九一六年）を参照するなら、幕開けに童話や子供の作文のパスティーシュ（文体模写）はあるけれど、魔法の世界が広がっているわけではありません。

そうしたわけで『波』はジョイスではなくプルーストの方を向いて書かれている。したがって幕開けで、少女が少年にキスをする素晴らしい場面は、リアリズム小説のロジックでは読み解けないとわたしは考えます。

ルイスは仲間に見つからぬように緑の繁みに潜み、そこで完全に「変身」して一本の木になっている。要約するならこんな具合。

ルイスは言った（登場人物の「意識の流れ」、あるいは「内的独白」の「声にならぬ内心の声」を機械的に導入するのは「考える」ではなく「言う」sayという動詞）——濃い緑の海原で花々が魚のように泳いでいる。ぼくは茎を握る。ぼくは茎だ。根は深く、乾いた土や湿った土、鉛や銀の鉱脈を突きぬけて世界の奥底までのびている（ルイスがくり返し言及することになる文明の記憶、ナイル河の風景が挿入される）。

このあと、ルイスは葉陰からジニイの姿を見かけ、ジニイが自分の首筋にキスをしたことに気づき、全てが粉々に砕け散った、とつぶやく（改行してジニイへ）。

ジニイは言った——緑の繁みが揺れていた。飛び込んでみたら、ルイス、あなたが緑の灌木みたいに突っ立っていた。目を見据えて。死んじゃったの？　と思って、それで、あなたにキスしたの、胸をドキドキさせながら。（解釈が分かれるつぎの文章は原文のみということで）Now I smell geraniums; I smell earth mould.　あたしは踊る、さざ波のように揺れる、光の網のようになって、（緑の木である）あなたに覆いかぶさるの（おそらくここでジニイの「変身」が成就して、ただちに改行。二人のキスを見て嫉妬するスーザンの内心の声が導入される）。

おわかりのようにNow I smell geraniums; I smell earth mould. というところで、わたしははっと立ち止まったわけなのです。時間の流れとしてはずっとのち、社交界の女になったジニイが、似合いの相手と野辺を彷徨うことを夢想する場面があって、そこにI smell roses; I smell violets. という文章が記されている。これら二つの場面でジニイは同じように世界にかかわっているのかどうか。つまり、散歩者が見かけるバラやスミレとは異なって、ゼラニウムの場面では「匂い」を嗅ぐ日常的な主体、外界の事象を「感覚」として受容する自覚的で経験論的な主体は、すでに溶解しているのではないか――そうわたしは考えました。考えあぐねて、伝手《つて》をたどり、ヴァージニア・ウルフ協会にも所属しておられる研究者のご意見をうかがうことができました。詳細は省きますけれど、確認できたのは、この不思議なキス・シーンについて、よく知られた議論や定まった解釈は存在しないらしいこと。わたしの示唆した上記の解釈も不可能ではなかろうとのコメントをいただいたので、以下、その方向で話をつづけます。

「あなたにキスをした」と過去形で記した瞬間に、ジニイ自身の「変身」のプロセスが始まるという解釈です。問題のNow I smell geraniums; I smell earth mould. という文章は、「ほら、あたしの体はゼラニウムの匂いがする、土くれの匂いがするの」という意味にも読みとれるのではないか。なぜなら花の咲く繁みにもぐりこみ、緑の木に変身し、地球の奥深く根を生やしてしまった少年の体に、ジニイは接触したからです。リアリズム小説のロジックによれば、いや、そんな非現実的な話ではない、キスをしたあと、ジニイは辺りに漂うゼラニウムの匂い、土の匂いに主体的に気がついた、ここで外界を客体として捉え、それから踊ったのだ、小説は現実の出来事の報告なのだから、ということになるのでしょう。

それにしてもsmellという動詞には「匂いを嗅ぐ」と「匂いを放つ」という両義的な機能が

あって、日本語の「匂う」という言葉にも同様のあいまいさがありますが、この先は「匂いの現象学」の問題、より正確には「匂いと意識の関係」をめぐるウルフの考究という話題になるでしょう。この小説には、smellという語彙が、食べ物の匂いからリノリウムの匂いまで、執拗なほどの頻度であらわれる。ちなみに花の象徴という意味でも六人の共同体はカーネーション、全員の憧憬の的で内面の言葉をもたず早死にする七番目の人物パーシファルは百合に擬えられている。何かある、と思わざるを得ないのです。

くり返すなら、わたしの考えによれば、身体的に接触した「ゼラニウムの匂い」が引き金となり、少女の意識のなかで、一気に世界の変容が加速し、深まってゆく（Nowというところから主節が現在形に移行する）。緑の木のような少年に、光の網のように身を投げかけるというのです。その頂点はI lie quivering flung over you. ていねいに単語を拾ってゆけば「あたしは震えて横たわり、あなたのうえに覆いかぶさっている」——たしかに、そう書いてあるのではないですか？これが性的なイメージでなくて何でありましょう！　でも露骨さや暴力性は微塵もない。まさに〈女のエクリチュール〉ならではの〈エロス〉というものです。あまりに見事すぎて、思わずたじたじとなり、でもねえ、ウルフさま、子供にそんなこと言わせていいの？　とお訊ねしたいほど……。

『波』の幕開け、ウルフの新しい〈小説〉が朝日のごとく、世界の創造さながらに、虚空に立ち現われようとしているのです。こうした「決定的な細部」の一つ一つにじっと目を凝らしたい。ウルフがコレットやプルーストの「ゼラニウムの匂い」に気がついていたという可能性もあるでしょう。じつは『ボヴァリー夫人』にもあるのです。新婚のエンマが寝室の窓辺から往診に出かけるシャルルを見送るところ。しどけない部屋着のままゼラニウムの二つの鉢のあいだに肘をつき、話しながら花びらや葉っぱを口でむしりとっては夫のほうにふっと吹きかける。すると花びらや葉っぱがひらひらと舞い降りて、老いた白馬のたてがみにひっかかる。美しい場面なのですが、それにしても、なぜ田舎家の窓辺にありそうなスイカズラとか、平凡なつるバラなどではないのだろう。そう疑問に思ったのは、いつ頃のことだったか。もう文学少女という歳ではなかったけれど、なにしろ根がきまじめなほうだから、エンマの真似をして、ゼラニウムを口でむしりとってみた。そしてほぼ無臭の花びらはともかく、こんな青臭くていがらっぽい葉っぱに唇でふれるのは、わたしには無理と確信したのです。

同じゼラニウムと言ってもフローベールは十九世紀の半ば、同世代であるプルースト、コレット、ウルフは二十世紀前半のゼラニウムであり、品種も匂いも、相当に違うだろうと思います。それでもわたしはこう宣言しておきたい——二十世紀後半を生きた戦後世代のわたしは、あの「微かに淫靡な匂い」を知らないわけではありません。

2018.12.14

＊1　工藤庸子・蓮實重彥『〈淫靡さ〉について』羽鳥書店、二〇一七年。

＊2　géranium-rosat の学名は Pelargonium graveolens 和名は「ニオイテンジクアオイ」、通称「ローズゼラニウム」。ただし植物学的な定義によれば、貴重なアロマオイルを抽出する品種は南アフリカ原産の

繊細な植物で、ヨーロッパの風土には馴染まず、十九世紀末からレユニオン島など海外植民地の農場で栽培されるようになったとのこと。近代小説に登場する鉢植えや野辺の「ゼラニウム」は、別系統の似た植物や改良種などの総称であると思われます。花はピンクが一般的。植物学ではrosatは色ではなく「バラの匂い」と解釈するようです。

*3 ヴァージニア・ウルフ『波』川本静子訳、みすず書房「ヴァージニア・ウルフ著作集5」一九七六年。

*4 向井千代子「ヴァージニア・ウルフの小説における'Globe'のイメージについて」白鷗女子短大論集、一九七六年。同「V・ウルフの『波』について」白鷗女子短大論集、一九七五年。

〈声〉と〈書くこと〉をめぐって

——デリダ／スタール夫人／アレント

何を、どんなふうに語ればよいのか……

この機会にぜひ触れておきたいと思う大きなテーマがあります。ただし、あまりに茫漠とした話題なのです。ロラン・バルトの断章形式とかニーチェのアフォリズムみたいなものは真の才能がなければ書けないし、かといって重厚な文語体の論考を書く気力はなし、いっそ架空の対話篇にしてみようか、などと形式の冒険をあれこれ夢想したあげく、最後に小さなゼミ室に着地しました。わたしの言葉を受けとめてくれる若い男女に語りかけるつもりで、念頭にある問題提起のようなものを口語調の文体で書いてみようと思います。考えてみれば、十五回にわたって掲載したブログもそうですが、これはわたしが生涯に身に着けた唯一のプロフェッショナルな語り口であり、思考法でもあるのかもしれません。

その大きなテーマとは、〈言語環境〉のなかに潜む目に見えぬ性差の力学という問題――考えてみたことがありますか？　以前にご紹介した女性人類学者の指摘は、その一例（Ⅲ二本のネクタイ　あるいは男女格差について）。そのままくり返すなら、たとえば「多産」で「精気」にあふれた作家と「不毛」な作家という比喩に見られるような諸概念の総体、そこに折りこまれた価値体系こそが問題なのであり、その体系のなかで、男女の「差異」は不平等を黙認する「差別」に読みかえられて、おのずと「格差」を助長することになる、という話。

文学の領域では性的なメタファーに典型的な例が見られます（XII大江健三郎と女性（二）——政治少年のéjaculation）。そもそもわたしの世代には、女性は性的な語彙を口にしにくい、書きにくいという隠然たる禁忌が存在し、当然ながら読むことにも大きな抵抗があったわけですが、それだけではありません（IX「性愛」と「おっぱい」）。すでに指摘したように、世界的に認知された〈エロスとエクリチュール〉の議論が、もっぱら男性の性にもとづいており、結果として男の身体を、その感覚や快楽を、女でありながら想像力でフォローすることが、わたしたちにとって批評の言説に参入する必要条件となるという奇怪な状況がありました。そうしたことについて、沈黙を守ったままでいいのでしょうか……と考えたのは、むろん、わたしが初めてではありません。

一連のエッセイのなかで何の断りもなく〈女のエクリチュール〉という言葉を使ってきましたが、これは明確に歴史的な背景をもつ言葉です。これに先行する〈エクリチュール〉誕生の経緯からふり返るなら、「書くこと」「書かれたもの」をさすエクリチュールという平凡な語彙が、文学批評の分野で特別の意味を付与されたのは、ロラン・バルトの『零度のエクリチュール』（一九五三年）によってでありました。一方、現代思想の領域では、ジャック・デリダが『声と現象』『エクリチュールと差異』『根源の彼方に——グラマトロジーについて』（いずれも一九六七年）を起点とし、西欧思想に内在する〈パロール／エクリチュール〉という二元論を脱構築する一連の試みを展開してきたことは、一般に知られているとおりです。こうした知的営みに参入する力量をもった女性作家や女性研究者たち、エレーヌ・シクスー、リュス・イリガライ、ジュリア・クリステヴァなどが、それぞれに異なる角度から〈女のエクリチュール〉という問題を提起したのであり、したがってこれは、ようやく一九七〇年代に存在し始めた概念、あるいは理論ということになる。わたしの得意分野ではありませんけれど、できる範囲で——デリダもクリステヴァも名前を聞いたことがあるかないか、という方たちにも、いったい何が問題なのかを想像していただけるような語り口で——そうした出来事の要点をおさらいしておきたいと思います。

まずはひと言。女性が書けば、つまり女性作家の作品であれば、おのずと〈女のエクリチュール〉だという話ではありません。それでは「女性文学」という周縁化され貶められてきた伝統に、新しいレッテルを貼りつけただけになってしまうでしょう。語彙の守備範囲を無防備に広げてしまえば、その衝迫力も失われます。

では、このエッセイの後半に登場する三人の女性たち、スタール夫人（一七六六—一八一七年）とラーエル・ファルンハーゲン（一七七一—一八三三年）とハンナ・アレント（一九〇六—一九七五年）は〈女のエクリチュール〉の模範例として召喚されるのか？　じつはそうではない、正反対なのです。むしろデリダやシクスーの視点に還元されぬ場をあらかじめ設定したうえで、可能なかぎり無垢な状態で、一見縁もゆかりもなさそうな三人の女性が生きた〈言語環境〉の接点を、言葉の社会的な機能という側面からあぶりだしてみたいと考えています。でも、なぜ、そんな回りくどいことを？

スタール夫人についての本を二冊書いたことで〈サロニエール〉（サロンを主宰する女性）がいかなる言語的な体験を生きたか、おぼろげながら見えてきたように思います【＊1】。スタール夫人の「書いた言葉」から、フランス革命前後の女性が「語る言葉」をいかに駆使して政治に参画したかを探り当てることができるという実感をもちました。一方、アレントは、スタール夫人と同時代のベルリンの〈サロニエール〉の「伝記」を書いている。生涯に何度も名を変えたために、ラーエルというファーストネームで呼ばざるを得ないこのユダヤ人女性のことは、以前に話題にしていますから、ご記憶でしょう（VI わたしたちの社会的アイデンティティを剝奪しないでください――選択的夫婦別姓／VII 女たちの声）。ここで議論の方向性を予告しておくなら、『人間の条件』（一九五八年）でアレントが提起する〈活動〉と〈言論《スピーチ》〉という問題は、サロンで語られる言葉と無縁ではなかろうと考えているのです。

そうしたわけで表題には〈パロール〉ではなく〈声〉が、そして〈エクリチュール〉ではなく〈書くこと〉が、それぞれに素朴な体験を暗示する言葉として掲げられています。原点に立ち返って当事者である女性の視点に一体化してみたいという意図を、いささかなりともお伝えできたでしょうか。わたし自身は、考えてみれば多かれ少なかれデリダっぽい時代、あいまいな「ポストモダン」という言葉で括られる時代に生きてきたわけですが、時代の権威とみなされることも少なくないデリダに無条件に依拠することは、むしろ反デリダ的な行為となりましょう。

おぼつかぬ足取りで歩んだ半世紀のみずからの言語体験を、多くの人びとと分かち合える手ごろな素材とみなし、まずは身近なところから考察を始めたいと思います。

〈女のエクリチュール〉とは？――デュラスの方へ

女が書けば〈女のエクリチュール〉というわけではない。とすれば、それはいかに定義されるのか？　世間に流通し、大筋において承認されている解釈を一瞥するにはウィキペディアがちょうどよい。フランス語版のécriture féminineという見出し語は、英語版でもフランス語のまま掲載されており、本文冒頭にwomen's writingという訳語が添えられている。この事実からも〈エクリチュール・フェミニン〉がフランスの具体的な思想状況のなかで誕生した言葉であることが推察されるのです。

それにしてもこの一月ほどで、ウィキペディアは何度も書き換えられており、たまたま論争や対立が起きているのかもしれませんが、一般的な定義の困難さが露呈しているともいえそうです。いずれのヴァージョンも無署名の見解であるために、文献学的な信憑性はない。わたしの理解するところによれば、かつてのイデオロギーを優先するフェミニズムは、体験と言葉を表裏一体のものとみなし、文学作品に描かれた恋愛感情や性的欲望を分析して社会的な差別を告発するという手法をとりました。〈女のエクリチュール〉が求めるのは明らかに別のことがらです。アメリカを代表する文芸批評家でフェミニストでもあるエレイン・ショーウォルターによれば、それは「女性の身体と女性の差異を言語やテクストに刻印すること」をめざす運動であるとのこと。〈身体〉と〈言語〉が、それぞれの固有性において問題化されており、分析においては〈言語〉の優位性が強調される。さらに象徴体系としての言語は男女の性差に対して中立的ではないという了解もあるらしく、これはわたしの現在の関心に重なります。

解説の部分には、この文学理論を代表する作家が何人か挙げられていますが、小見出しにも掲げられたエレーヌ・シクスー（一九三七―）、リュス・イリガライ（一九三〇年―）、ジュリア・クリステヴァ（一九四一年―）の名前を確認すれば充分でしょう。以前に登場したシモーヌ・ド・ボーヴォワール（一九〇八―一九八六年）のちょうど一世代下に当たります（VIII続・女たちの声――六七年の記憶）。名を挙げた三人の著作は、日本でも『第二の性』の翻訳グループを更新しつつ、一九七〇年代から精力的に紹介されており、現在ではそれぞれの著者について、学問的な知見に裏づけられた日本語版ウィキペディアも立ち上がっています。それらの解説を一読すればわかるように、ジル・ドゥルーズ、ジャン・フランソワ・リオタール、ジャック・ラカン、ロラン・バルト、ミシェル・フーコー、モーリス・ブランショ、レヴィナス、等々に牽引された全盛期のフランス現代思想・文芸批評の現場には、複数の活動的な女性たちがいた。これは羨ましい風景です。ご記憶のように一九八〇年代のわが国で「ニュー・アカデミズム」と呼ばれた思想家・批評家・研究者たちは、全員男性なのですから。

二十一世紀の日本で、若い世代の男女が沈黙しているわけではありません。文学と思想・哲学を架橋する領域についてたまたま目にふれた例をいくつか挙げるなら、以前にひと言ふれた鈴木球子さんの『サドのエクリチュールと哲学、そして身体』（二〇一六年）は見事な成果といえる（XII大江健三郎と女性（二）——政治少年のéjaculation）。『文学のミニマル・イメージ——モーリス・ブランショ論』（二〇一一年）の著者、郷原佳以さんは、その後シクスーとデリダの共著『ヴェール』（二〇一四年）を翻訳刊行しているし、クリステヴァの『ボーヴォワール』（二〇一八年）は栗脇永翔さん、中村彩さんという博士課程に在籍する研究者の共訳で出版されています。新進気鋭の研究者である郷原さんの思考の密度については、あらためて強調するまでもありませんが、『ボーヴォワール』の翻訳につづく中村さんの「解題　革命の継承——クリステヴァによるボーヴォワール」、栗脇さんの「著者紹介　模索と反抗——ジュリア・クリステヴァとともに」を読んで、ある種の清々しさを覚えました。女性研究者は女性作家のことしか語れない、男性研究者は女性の書いたものには見向きもしない、という半世紀まえの状況が変化して、ようやく日本も不毛な男女の棲み分けから解放されつつあるようです。

　さて〈女のエクリチュール〉に戻りましょう。なぜか、ウィキペディアのこの項目には日本語版がない。中国語版も韓国語版もあるのに、です。ちなみにウェブ上のほかの日本語事典でも〈エクリチュール〉はあっても〈エクリチュール・フェミニン〉という項目は見当たらない。じっさいウィキペディアは、所詮は匿名の、ときには間違いだらけの情報に過ぎません。とはいえ考えるヒントとして用心して読めば役に立つのです。シクスーはデリダとの対話により〈エクリチュール〉への感性を磨いてきたのだろうと推察される一方で、精神分析のバックグラウンドをもつクリステヴァは「女性の天才――生・狂気・言葉」（*Le Génie féminin: la vie, la folie, les mots*）と銘打ったシリーズで、ハンナ・アレント、メラニー・クライン、コレットなどをとりあげ、作家の体験と言葉という観点から分析を行っている。ただし、これは〈エクリチュール〉の問題とはやや次元の異なる成果ではないか。といった具合に、立ち位置の違いがひとめで確認できる。フランス語版のおよその翻訳でかまわないから、誰か日本語版を立ち上げておいて、とつぶやいておきましょう。

〈女のエクリチュール〉が結局のところ、学問的にはあいまいな枠組みに留まったとしても、この「理論」を手がかりにした考察が、批判や反論をふくめ性差にかかわる議論を活性化して、男性知識人の応答を促すことができた。この歴史的な実績は、初期のフェミニズムに欠けていたものだと思われる。わたし自身は、まず「理論」という限定に躓きますが、それはそれとして、こんなキャッチーな言葉を手放すのは惜しい、と思っているのです。なにゆえ〈男のエクリチュール〉は存在しないの？　不思議じゃありません？　と絡んでみたくなる。要するに問題提起のパワーを秘めたコンセプトなのです。

このあたりで、とっておきの〈女のエクリチュール〉の一篇を、マルグリット・デュラス（一九一四―一九九六年）の作品から。まごうかたなき女性のgénie――「天才」というよりはシャトーブリアンの『キリスト教精髄』のような「精髄」というニュアンスをこめて――を秘めたこの作家が世界的なブームをまきおこしたのは、『愛人』（一九八四年）が遅まきのゴンクール賞を得たときでした。日本でも翌年に清水徹訳が刊行されて大評判になりましたが、それ以前、じつは一九六〇年代から、活発に翻訳・紹介が行なわれており、ゆたかな読者層が育まれていたのです。おそらくデュラスは今日に至るまで、日本で男性知識人に愛され、尊敬されもした例外的な女性作家でしょう。たぶんそのせいもあって、デュラスの訳者は大方が男性でした。邦訳のかなりの部分を占めるのは、田中倫郎訳であり、デュラス本人とも交流し、周到な解説を添えて、作家の活動や生活ぶりまで、たゆまず紹介してきたこの方の貢献は別格といえる。田中訳のデュラスをとくに違和感もなく読んできた者として、以下のことがらは、特定の訳文の批判というより、戦後日本の〈言語環境〉の変遷という観点から指摘しておきたいと考えます。

『エクリール』の邦訳は原著出版の翌年に当たる一九九四年に刊行されました。表題はフランス語の「書く」écrireという動詞をそのまま片仮名表記したもの。まさに尖鋭な〈女のエクリチュール〉の実践であろう、とわたしも思うのですが、その訳文に、強烈な違和感を覚えてしまったのも事実です。文章をしめくくる女言葉（文末形式）に一因があるにちがいない。二つか三つのセンテンスごとに、執拗にあらわれる女言葉を抽出してみると——「作家というのは奇妙なものね。〔…〕書くというのは語らないことよ。〔…〕作家がいるとほっとするわね。〔…〕よくしゃべるほうじゃないわね。〔…〕不可能だもの。それはできない相談よ。映画や芝居やほかの興業と反対なのよ。本のどんな読み方とも反対よ。〔…〕最悪ね。なぜかと言えば、本というのは未知なるものであり、夜だからよ〔…〕理想的な本になってしまうのよ」（三三—三四頁）。

男性が小説を翻訳すると、女性登場人物の言葉が過剰に女っぽく演出される傾向があるといわれます（そう批判するのは、たいてい女性なのですが）。しかし同じ訳者による小説の翻訳は、同時代の他の訳文と比べて、そうした傾向が特段に目立つわけではありません。なぜ、こうも「だわ」「わね」「なのよ」が氾濫してしまうのか。

わたしの世代の人間は、格調高い漢語をちりばめた「文語」は「男の言葉」だという漠たる思い込みをもっている。東大総長の演説は、戦前はもとより戦後も永らく「である」調でなされ、女子学生も一括して「諸君」と呼びかけられていた。違和感を覚えた記憶が全くないのは、たんに慣れっこだったから。アカデミックな学知に到達するための言語は、少なくとも「女っぽく」はないはずでした。わたしは高校（共学の受験校）から大学を経て大学院の博士課程を終えるまで——高校の保健体育を唯一の例外として——女性の教師による教育の現場をまったく経験したことがありません。学問は男モノであると日々教え込まれるようなものであり、健康な思考力を育む〈言語環境〉ではなかった。女性にとってだけでなく、男性にとっても望ましいことではなかった、と今さらのように思います。

そうしたわけで『エクリール』は、内容においては高尚で「文語的」なものであるという判断はありえたと思います。なおのこと「口語的」で「女っぽい」文末によって、女性性のマークを念入りに刻印しておこう、というのが、男性の訳者による女性作家への配慮だったのかもしれません。

それにしても、この四半世紀に〈言語環境〉に潜む抑圧や奇妙なバイアスは、徐々に和らいでいるし、女性は女言葉を、男性は男っぽい言い回しを、急速に放棄しつつあるように見える。〈言語環境〉の中性化？　女性が自由に思考するためにも、もちろん女性の社会進出のためにも、悪いことではないと思っています。「だぜ」と「だわ」の応酬で、まともな企画会議ができるはずはないのですから。文芸の領域における性差の力学も、時代とともに変化する。デュラスの素晴らしい断章を、現在のわたしの〈言語感覚〉で日本語に移し替えてみます。

一軒の家があり、ひとつの室内があり、女がひとり、何かを書いている。何を？　書くことについて、本が生まれることについて、書いている。

作家というのは奇妙なもの。それは矛盾であり、無意味《ナンセンス》ともいえる。書くこと、それは語らぬこと。沈黙すること。音を立てずに叫ぶこと。作家というのは概して人をくつろがせるもの、たいていは聞き役になりますから。そもそもあまり語らぬものなのです、なぜって自分が書いた本について誰かに語るなんて、ましてや書きかけの本について語るなんて、できっこない。不可能です。映画とは正反対、戯曲とか、ほかの上演されるものとも正反対。あらゆる読書とも正反対。しかも全てのなかで最もむずかしい。いちばん手に負えない。それというのも、一冊の本は未知のものだから、それは夜であり、閉ざされており、そうとしか言いようがないのだから。本は進んでゆく、大きくなってゆく、方向をえらび進んでゆく、自分が探索した方向のはずだと信じる人の思いなど知らぬげに、本みずからの運命に向かって進んでゆく。そして著者の運命は、本を出版することで打ち砕かれる——彼と、つまり夢見られた本と、別れるなんて。それは生まれたばかりの子供と同じで、いちばん可愛いものなのに【*2】。

〈書くこと〉écrireと〈語ること〉parlerの対比に注目しましょう。映画や戯曲の場合、監督や脚本家など複数の人びとが語り合うことからすべてが始まるというのは、デュラス自身の体験に根ざした、ごく常識的な指摘であると思われます。読書という行為も語ることを排除しないけれど、本を〈書くこと〉と〈語ること〉の断絶は絶対的なものだというのです。お気づきのように、記述されているのは、先ほど話題にした日本語の男っぽい「文語」と女っぽい「口語」の関係や、あるいは内容に見合った形式という意味での「文体」などとは、まったく次元の異なる何かです。

そのような何かを〈エクリチュール〉と呼ぶとするなら、それはいったい何なのか？　これが、次なる設問ですが、それ以前に〈女〉の刻印について確認しておかねばなりません。デュラスはひとつのイメージに託して、書くという営みそのものを闇のなかから浮上させようとする。いつという自覚もなく身ごもった命が胎内で成長し、やがてみずからの「運命」をえらぶかのように独り立ちして世界に出てゆくというのです。母体が与える滋養なくしては髪の毛一本たりと育ちはしない。それゆえ誕生した本は、生まれ落ちた赤子のように可愛いものだけれど、それでいて出版は、本との「離別」séparationであり、これが著者の「運命」なのだとデュラスは書いている。

貴女は正しい！　とわたしは内心でつぶやきます。こんなこと、男性作家に書けますか？　ミラン・クンデラの場合など、市場に流通する作品に対してまで、作者が神聖な「父権」や「所有権」を主張しているように見えることさえあるのです（XIII大江健三郎と女性（三）――「全小説」

とfictionとしての「小説家」)。

〈女のエクリチュール〉に学問的な定義はない、と指摘したばかりですが、わたし自身は、何であれそれを書くことが書き手にとって生きることに匹敵する重い意味をもち、書くこともまた一つの切実な体験であるという意識が行間にあふれていると感じられるとき、思わず〈エクリチュール〉と呼びたくなるようです。一方〈女〉の刻印は、じつは外部から付加されるマークなどではない。むしろ世界のありようではないか。デュラスについていうなら、わたしたち女性読者は、女の〈身体〉からでなければ生まれ得ないイメージやメタファー、その他もろもろの決定的な細部との感動的な出遭いをくり返すうちに、いつしか作家の想像世界の住人になってしまうかのようなのです。一軒の家、親密な室内、そこに複数の女たち。男はセールスマンのような来訪者にすぎない。ここでコレットの薔薇色の寝室も想起したいものですが、総じて男性の作家は室内が苦手のよう。しかも『エクリール』には、あの花があらわれます(XVゼラニウムの微かに淫靡な匂い――続・女のエクリチュール)。

最初にここにあらわれた植物は、玄関脇の窓の下に敷き詰められた玉砂利の上に置かれている植物。スペインから来た薔薇色のゼラニウム。オリエントのように芳香を放つ【*3】。

つづりはコレットと微妙にちがうものの、またしてもgéranium rosa――偶然でしょうか?わたしはそうは思わない。じっさい二十世紀後半のフランスで、ゼラニウムは窓辺の花としてもっともありふれているけれど、それにしても、世の中に植物は数限りなく存在するのです。それなのになぜか、ものを書く女は純潔の「白百合」でも艶《あで》やかな「真紅の薔薇」でもなくて、人知れず異郷の匂いを放つ「薔薇色のゼラニウム」に心惹かれてしまうらしいのです。それが「運命」であるかのように。

〈エクリチュール〉は女？——デリダの〈尖筆〉とフローベールの手紙

なぜか〈男のエクリチュール〉は存在しない。その事実と〈エクリチュール〉をめぐるロラン・バルト（一九一五―一九八〇年）やジャック・デリダ（一九三〇―二〇〇四年）の議論は無縁ではないと考えます。なにしろ実感しにくいことがらを語ろうというのですから、ここは最大の難関となりますが、議論そのものには深入りせず（などという断りは、ごまかしであることは承知のうえで）、みずからの生きた〈言語環境〉をふり返り、テクストを参照しながら個人的な出遭いの体験を思いおこしてみることにします。

まずは〈女のエクリチュール〉のまとめ。それは定義することが困難な、しかし貴重な概念であり、たんに「女が書いたもの」という以上の限定や説明とともに使用されなければならない。これが性の赤裸な告白や、日常的な感覚でいう「文語／口語」の対立や、言い回しの女っぽさというレヴェルでの「文体」などとは全く異なる事象であることは、デュラスの訳文を手掛かりに確認したとおりです。

じつは〈エクリチュール〉という概念そのものが、制度化された性差の秩序、両性を分かつ境界や男女の二項対立を攪乱するものとして立ち上げられたのではないか、とわたしは理解しています。それゆえウィキペディアなどの関連項目で、「男の性は……」「女の性は……」といった簡略な対比が反復されることには、懸念を覚えることも少なくない。たとえばイリガライが女性のセクシュアリティと女性の言葉との相関性について、次のように語っていると要約されるとき――女性の「享楽」juissanceが「男性の単一でファロス的」な「快楽」plaisirより「多様」であるのは、女性が「性的な器官をあちこちに」もっているからであり、そのために女性の言語《ランガージュ》もまた拡散的になるとのこと。「享楽／快楽」はジャック・ラカンの精神分析の用語を踏まえたものでしょうが、それはともかく、女性自身が提示するこうした議論を女性のセクシュアリティに関する普遍的な真実とみなしてしまうのは危険ではないかと感じるのです（性の問題を隠蔽してはならぬという主張じたいは賛同しますけれど）。

ここで不意に思いおこされるのは、フローベールが一八五〇年六月二日に旅先から友人に書き送った手紙――「紅海で泳いだ、生涯で経験したことのないほどの濃密な快楽を味わった、浪間に戯れると無数の液体の乳房が身体中を隈なく這ってゆくようだった」というのですが、このセンテンスひとつによって、セクシュアリティをめぐる近代的な秩序――「男性の単一でファロス的な快楽」という定義に集約される権威主義的な秩序――は揺らぐはず。ロラン・バルトが今日的な〈エクリチュール〉はフローベールから始まったと断じるのは、偶然ではありません。

上述のように文学批評の用語としての〈エクリチュール〉はバルトにより定式化されました。『零度のエクリチュール』によれば、ペンを握る作家は二つの自然的な条件を逃れがたいものとして与えられている。一方はフランス語や日本語といった「国語」に代表される「言語《ラング》」であり、不特定の人びとが共有する言語の構造は「制度」としての強制力をもっている。もう一方の「文体《スティル》」は、生物学的な個人の気質や生活の記憶として身体の奥深く蓄えられたものの発露とみなされる。これもまたペンを握る作家にとっては、あらかじめ与えられた拘束的な条件にほかならない。両者の関係については、「言語《ラング》」は社会的な地平（水平構造）、「文体《スティル》」は深部から表層への浮上（垂直構造）という鮮やかなイメージが提示されるのですが、これら二つの所与に対し、第三の実体として〈エクリチュール〉なるものが存在しうるとバルトは指摘します。それは作家自身が選択するものであり、この選択により作家は個性をあらわし、「社会参加《アンガージュマン》」を果たす。〈エクリチュール〉は「機能」であり、作家は書くという「体験」を生き始めることで、少なくともその瞬間には「歴史」との連帯に至るというわけです。『零度のエクリチュール』の冒頭で、一筆書きのように予告される「エクリチュールの歴史」は、いわゆる「文学史」とはまったく異質なもの。「序」の該当の文章をやや解説的に意訳してみましょう。

ブルジョワジーのイデオロギーは単一であったがゆえに単一のエクリチュールが生まれたのだった。ブルジョワの時代——古典主義とこれにつづくロマン主義の時代——には意識が分裂していなかった。それゆえ表現形式が分裂することもありえなかった。ところが作家が普遍的なものの証人であることをやめて不幸な意識となったとき（一八五〇年ごろ）に何が起きたかというと、作家がまずやった身振りは、先行するエクリチュールを引き受けるにせよ拒むにせよ、表現形式を選択することによって社会参加《アンガージュマン》を果たすことだった。ここで古典主義の言語は砕け散った。そしてフローベールから今日に至るまで「文学」の全体が「言語の問題提起《ランガージュ》」une problématique du langageとなったのである。

つづいてバルトは古典主義の芸術は「普遍的な精神」と「装飾的な記号」とが一体となった「透明な存在」であるとも語ります。一八五〇年ごろに誕生した「不幸な意識」は、たとえばマルクスのいう資本主義社会における作家の疎外という問題に通じるはずであり、バルトの展望に寄り添うかたちで、フーコーやドゥルーズの言語論、そして蓮實重彦の第二帝政をめぐる議論──たとえば「反復という名の苛酷な葛藤」（XIV 女のエクリチュール）──も構成されている、といった話題を提供することも可能でしょうけれど、ここではそうした方向は回避して、ただ一八五〇年という決定的な日付が、たまたまフローベールの手紙にも記されていたことのみ確認しておきたいと思います。

ところで「社会参加《アンガージュマン》」という明示的にサルトルを踏まえた語彙からも明らかなように、『零度のエクリチュール』は、言語＝社会学的な背景を濃厚に感じさせる著作です。暗黙の規制や制限、隠然たる推奨や禁止の力学が作動する〈言語環境〉という現時点のわたしの問題意識も、これに近いといえるかもしれません。それはともかくとして、わたしが学生のころに親しんだのはむしろ一九七〇年代のバルトであり、当時のエクリチュールという語彙は、個人の表現形式としての「文体」という概念に近づいていた。『テクストの快楽』（一九七三年）は、先に引用したイリガライの文章にもあるラカンの用語を援用しつつ「享楽のテクスト／快楽のテクスト」をめぐる考察を展開したものです。そこではバルト自身がバルト的なエクリチュールを実践するために、口実として「テクスト」を語っているようにも見える。その文章は、露骨に性的というのではないが誘いかけるようにエロス的であり、それこそ「多様」なメタファーに潤って「男性の単一でファロス的な快楽」などは、千里の彼方に置き去りにしてしまったように思われるのです。

「エロスとエクリチュール」との「相互交渉の秘儀」という言葉を、わたしは大江健三郎の「セヴンティーン」について用いていました（XII大江健三郎と女性（二）――政治少年のéjaculation）。そこでフローベールの書簡からいくつかの例文を引きましたが、じつは考えていたのはむしろ、デリダの『尖筆とエクリチュール』であり、より正確には、わたしの記憶にあったデリダとフローベールとの遭遇です。ここで話を迂回させ、些細な出来事をご報告――あの連載記事をブログに掲載したあとで、わたしは書棚の奥で銀色のハードカヴァーの『性的人間』を見つけてしまいました。昭和三十八年（一九六三年）に刊行された本をわたしは入手しながら、まったく読めなかった。そこに「セヴンティーン」が収録されているという事実さえ、記憶から洗い流してしまった。それほど無粋な行き違いが半世紀前にあったという事実を、ごく最近、発見したというわけです。ささやかな逸話から引きだすことのできそうな教訓《モラリテ》とは――人は言葉（あるいは「文学」）を学ぶことで解放される、生きる領野を広げることができる、それは自由の体験にほかならない。ですから、今なら大江健三郎を語ることができるかもしれないという感触は、不意打ちのようにあらわれた銀色の本によってむしろ補強されたともいえるのですけれど、それにしても、こうした心理的な経緯の鍵であるらしいデリダとの出遭いを、どのように想起したらよいものか……。

哲学の領域では、デリダによる〈パロール／エクリチュール〉の二項対立の脱構築という話題は、あらゆる事典に記載されていますが、これは後回し。一九七二年に「今日のニーチェ？」と題したシンポジウムで発表された講演原稿にもとづく書物 *Eperons—Les Styles de Nietsche*【＊4】が『尖筆とエクリチュール』という邦訳タイトルで一九七九年に刊行されました。その訳者でもあった白井健三郎や、雑誌『海』などで精力的にデリダを論じておられた豊崎光一などの先生がたがおられた学習院大学の仏文研究室には、思い返せばリベラルな男女の集う知的サロンのような雰囲気がありました。デリダなんて優雅な日常会話の話題だったのです。その学習院に非常勤講師として通っていた時期に、わたしはフローベールの手紙を訳していた。おかげさまで——サドやバタイユが剣呑な作家だったのとちがって——デリダについては禁書という感覚はありませんでした（IX「性愛」と「おっぱい」）。とはいえ、みずからの女性という性別を踏まえたうえで、こんな錯綜した文章をどう読むか、今もって謎ではあるのですけれど。

自己自身から自己を取り去り、引用符のあいだに自己をかかげる真理からのこの離れ距たること（クレーン＝淫売女（grue）の、手練手管、叫び声、躍動、そしてはさみこみ

(*pinces*))、ニーチェのエクリチュールにおいて《真理》を――そのきびしい結果として、その他のものすべてを――引用符のあいだにおくことを強制しようとするもの、したがって真理を刻みこもうとするもの――そのきびしい結果として、一般的に言って刻みこもうとするもの、それこそは、あえて女性的なものとまでは言わないにしても、女の《作用》なのだ。


女は（みずからを）書く〔からである〕。

女のもとに尖筆《スティル》は立ち帰ってゆく〔からである〕。

むしろこうである。もし尖筆が（ペニスがフロイトによれば《呪物の通常の原型》であるだろうように）男であるとすれば、エクリチュール〔書かれたもの、書記行為〕は女であるだろう。

（六三―六四頁）


〈スティル〉が男であるとすれば、〈エクリチュール〉は女であるという結びは、少なくとも字面は明快に思われますが……おぼろげに理解したことを二、三書き留めておきましょう。原著の表題éperonは「拍車」という訳語のほうが馴染みはあるけれど、ここではむしろ敵の船を攻撃する武器としての尖った船首「衝角」を指すという。「或る尖った物体」という言葉につづき「ペン先」plume「細身の短剣」stylet「短刀」poignardなどが列挙されてゆく冒頭近くのページにも暗示されていたように（三五頁）、常に念頭に置かれているのは「呪物《フェティッシュ》」としてのペンであるらしい。ペンの攻撃性が女性的なもの（たとえば対象としての白い原稿用紙）に向かってゆく、というイメージは、一般的に男性の書き手の実感に添ったものかもしれないと想像することは、わたしにもできる。しかしながらこのイメージ自体は、おそらくデリダがいわんとすることの出発点でしかないはずです。

まずは『尖筆とエクリチュール』がニーチェをめぐる試論として書かれていること、ニーチェが『善悪の彼岸』（一八八六年）を「真理が女であると考えてみては、――どうだろう？」という一文から書き始めていること【＊5】、さらに上記引用にもニーチェは〈真理〉を「引用符のあいだにおく」という指摘があり、これに先立つ断章には「女（真理）は手なずけられなどしないのである」との一文があること、等々を参考にするなら「エクリチュールは女」という定式もまた、きわめて寓意的なものとしてニーチェに由来することは疑いようがない。ただし想定されているのは、フェティッシュ化された〈尖筆〉がヴェールを切り裂いて〈真理〉を我が物にするという寓話ではないと思われる。それというのも〈エクリチュール〉は、女性的なものの「作用《オペレーション》」だというのです。唐突ながら「女はわれわれの所有物」というナポレオンの言葉を思い出してみてもよい（X元祖は皇帝ナポレオン？）。書くことをめぐるデリダの試論は、男と女の営みを暗示する語彙によって終始つづられながら、「所有」や「生殖」という目標を周到に回避しつづける、そして書物のなかほどで「ニーチェのテクストにおける去勢の動機《モチーフ》」が語られることになる（一三〇頁）。冒頭で暗示された〈尖筆〉の攻撃性や暴力は、他者に対するむきだしの所有欲の対極にあり、むしろ自壊的な性格をもつといえそうです。

さて無謀な手続きであることは承知のうえで、こうした一切を文学の営みという次元に合流させてみたいと思います。不在の愛人に宛てたフローベールの手紙の一節に「こんなふうに、文章をシャセイするために、ひっきりなしに（頭を）自瀆するのは止めにして、貴女の胸で頭を休めたい」という文章がありました（XII大江健三郎と女性（二）――政治少年のéjaculation）。挑発的であると同時に自虐的でもある言葉のつらなりに、デリダの思考との親近性が認められるのではないか。これが「デリダの〈尖筆〉とフローベールの手紙」という本項の小見出しに託したわたしの個人的な言語体験です。

さらにフローベールの倒錯的嗜虐性の症例を引きましょう。『ボヴァリー夫人』の執筆が佳境に入った一九五三年の九月二十一日と九月三十日の手紙。

文学は発泡膏みたいなもので、塗れば痒くてたまらない。ぼくはそこらを掻きむしる、血がにじみ出るほどに。

ああ！　文学よ！　なんという果てしなきむず痒さ！　まるで心臓のうえに貼りつけた発泡膏です。おかげでたえずちくちくする、ぼくは恍惚としてそこをかきむしる。

一九五〇年六月二日の手紙とならべてみれば、フローベールがいかに皮膚の人であるかが想像されるはず。文学の営みは耐えがたい「痒さ」の苦痛と倒錯的な「恍惚」が混然一体となる果てしなき陶酔であるという。このような作家の〈エクリチュール〉を語ろうとする者は「男性の単一でファロス的な快楽」などという一方的な総括を徹底的に警戒してかからねばなりません。

「後回し」にしていた〈パロール／エクリチュール〉（音声言語／書記言語）の二項対立に触れて、この難問だらけの項の締めくくりとしましょう。まずは三つの「○○中心主義」の辞書的な解説が必要です。「ロゴス中心主義」logocentrismeとはデリダがヨーロッパ思想を一括して捉え、プラトン以来の「現前性の形而上学」を批判した概念。神の言葉にせよ、人間の理性にせよ、究極の真理にせよ、万物の根源としての「ロゴス＝理法」を「現前」せしめるのは「声」であるという。現にここにある主体によって保証される〈パロール〉は、一足遅れでこれを補佐する「代補」supplémentとしての〈エクリチュール〉に対し、常に優位に立つからであり、このような音声言語の特権化が「音声中心主義」phonocentrismeというわけです。さらに、こうした二項対立によって導かれる寓意によれば、〈ロゴス〉の発現としての〈パロール〉は男、これに従属する書記のような〈エクリチュール〉は女ということになる。「男性中心主義」あるいは「ファロス中心主義」phallocentrismeと呼ばれるものの形而上学的な根拠を、ここに認めることができそうです。すでにお気づきの方もおられるでしょうが、人類学者のフランソワーズ・エリチエが「二本のネクタイ」という比喩で示唆したのはこのこと、つまり二項対立的な思考は不可避的に上下関係と階層構造を招きよせるという事実でした（III 二本のネクタイ あるいは男女格差について）。

じっさい○○中心主義なるものは、平面上のメタファーで語るなら、中心と周縁というわかりやすい図式に帰着する。そこに安住してしまいがちな思考の惰性こそが問題なのであり、デリダ自身は「署名・出来事・コンテクスト」(初出は一九七一年)以来、「語る主体」の現前によってみずからの「起源」に結びついた〈パロール〉という一般的な理解を解体させる作業に継続的に取り組んでいる【*6】。言語行為論の理論家ジョン・L・オースティンへの批判、その弟子にあたるジョン・R・サールとの一連の論争という経緯は、研究者のあいだではよく知られています。要するに〈パロール/エクリチュール〉の上下関係を逆転させるのではなく、二元論的な発想を根幹にはらむ西欧の思考法の総体をデリダは戦略を変えつつ批判するのであり、その持続する営為が「脱構築」なのだと確認しておきましょう。

さて以上は研究者による概説書やウェブ上にも見出される解説などに頼りつつ書いてみたものですが、お読みになった方は実感がわくでしょうか？　正直に告白するなら、わたし自身は、二重の意味で困難を覚えます。日本語の〈言語環境〉にも、「語られる言葉」と「書かれる言葉」との優劣という現象がないわけではない。それは上述のように格調高い「文語」と日常的な「口語」であったり、あるいは公共圏における権力者の「文語」使用と親密圏のコミュニケーションにおける「口語」表現であったり、さらには学問の諸領域における口頭発表と書かれた論文の業績としての評価であったりするわけで、こうした多様な現場における言語使用の習慣は、ヨーロッパ思想の伝統とされる〈真理〉と〈音声言語〉の結びつきとは全く無縁な価値判断に由来しています。つまり〈パロール/エクリチュール〉の階層関係そのものが、日本語話者にとっては体験的には思い当たるところの少ない外来の知識です。

文学はもともと「書かれた言葉」なのだから、という常識的な主張はこの際脇に措くとしましょう。それにしても一九七〇年代からフローベールを読み始めた者にとって〈エクリチュール〉という概念は、ある意味では逆説的に前景化され、特権化されたものとして目前にありました。バルトのいうように「作家が普遍的なものの証人であることをやめて不幸な意識」となった以上、文学は権威としての〈パロール〉、その父権的な言葉から勘当（＝解放）されているはずだと思われた。したがって〈パロール／エクリチュール〉の二項対立に特別な関心を抱くことなく〈エクリチュール〉を論じることが可能だったのかもしれません。

そうしたわけで、最後に表明しておきたいのは、みずからの体験に由来する素朴な違和感を大切にする権利、そして実感を分かち合えぬ論理に対して相応の距離を保ちつづける覚悟です。この項で紹介した議論の本流が一九七〇年以降に〈女のエクリチュール〉という副産物のような概念を産んだことは確かでしょう。その一方で、ギリシア古典にさかのぼる西洋哲学の学問的な営みが、ごく最近に至るまで、女性の言語体験を反映することなく展開されてきたことは否定できないはずなのです。

サロンの会話とスタール夫人の〈声〉──〈公共圏／親密圏〉の二元論に抗して

すでに述べたように、このエッセイのタイトルが「〈声〉と〈書くこと〉」であって「〈パロール〉と〈エクリチュール〉」ではないという事実には、それなりの意図が込められている。〈パロール／エクリチュール〉と口にしたとたんに、おのずと立ち上がるプラトン＝ニーチェ＝デリダ的な文脈の外部に、いわば白紙の状態で立ってみたいという意志表示であるとご理解ください。

ということで、ここからは過去の経験にもとづく話ではなく、今現在のわたしの模索です。ようやくスタール夫人が登場しますが、橋渡し役は、ふたたびニーチェに依頼してみましょう。『善悪の彼岸』が「真理が女であると考えてみては、――どうだろう？」という提案から始まっていることは、すでに述べました。邦訳の注によれば中世プロヴァンスのトルバドゥール（抒情詩人）たちが憧れの奥方のまえで技を競いあったように、現代の哲学者たちも陰気な独断論に引きこもるのをやめて「女性＝真理」に愛を捧げたらよいではないか、という洒落た仄めかしが、この導入の狙いであるようです。ちなみに十八世紀フランスのサロンでも、男たちが高度で専門的な議論を交わす現場に女性が発言の礼節と討論の勝敗を見守る「審判者」として臨席するという発想があったらしい。とはいえ『善悪の彼岸』における「女性＝真理」という定式はあくまでも寓意であり、生身の女性は哲学の現場から徹底的に排除されている。邦訳文庫版でほぼ三ページにおよぶ「二三二　女とは」の冒頭と終わりの部分を抜粋します。

女は独立したがるものだ。そしてそのために、「女そのもの」について、男たちを啓蒙しようとし始めている――これこそは、ヨーロッパの一般的な醜悪化の最悪の進歩である。というのは、女性について科学的に考察し、自己を暴露するというこの愚かしい試みは、すべてのものを白日のもとにさらすものだからだ！〔…〕わたしたち男は、女が啓蒙によって自分の恥をさらしつづけないことを願うものである。教会が〈女たちは教会では口を開くなかれ！〉と布告したのが、女にたいする男性の心遣いであり、配慮だったのと同じように、ナポレオンがお喋りなスタール夫人に、〈女は政治では口を開くなかれ！〉と諭したのも、女のためだったのである。――だからこそ今、〈女は女のことに口を開くなかれ！〉と呼び掛ける者こそ、女性の真の友であると思うのだ。（三三二―三三三、三三五頁）

デリダも取りあげ、丁寧に論じている断章ですが（八七―八八頁）、その議論には立ち入らぬことにします。それにしても恐るべき女性蔑視？　いや冷静に見ても、これが「ヨーロッパ近代」のありのままの姿であり、じっさい女性は「書くこと」からも「語ること」からも遠ざけられていた。ただし、このアフォリズムをご紹介したのは、ニーチェほどの透徹した懐疑論者でさえ、今日の用語でいう「ジェンダー」にかかわる疑問は抱かなかったという事実を強調したいからではない。そうではなくスタール夫人の特異な位置、ナポレオン的な秩序に抵抗した不屈の女性という評価が、十九世紀末のドイツ人によっても承認されているらしいことに興味を覚えたからにすぎません。ちなみにallzuberedten（仏語訳ではtrop diserte）と形容されたスタール夫人の「おしゃべり」は、たんにかしましいのではなくて「議論好きの能弁」というニュアンスであろうかと思われます。

あらためて問うてみたいのは、「書かれる言葉」と「語られる言葉」の社会学的な機能であり、言語を使用する現場で痛感されたはずの障碍や格差です。女性が「政治」すなわち「公の事柄」res publicaにかろうじて発言権をもつようになったのは十九世紀のフェミニズム運動の成果であって、欧米諸国で参政権が認められた二十世紀前半のこと、というのが世界史の常識でしょう。しかるにフランス革命からナポレオン帝政を生きぬいたスタール夫人は、女性も〈声〉によって〈公共圏〉に参画できるという実感をもっていた。革命は解放をもたらしたはずなのに、その後に到来した近代社会は、わたしたち女性に沈黙を強いた（I ベンジャミン・フランクリンの恋文 その一）。「女は政治では口を開くなかれ！」という言葉を、ナポレオン個人の差別発言というレヴェルに矮小化してはなりません。これは「近代秩序」が構造的に内包する力学なのであり、わたしが「スタール夫人bis」と呼んでいる二冊目のスタール夫人論『政治に口出しする女はお嫌いですか？』は、この「禁止」への応答でもありました。

さて語るべきことは山ほどありますが、以下の三点に話題をしぼりましょう。第一に音声言語の優越と〈世論〉について、第二に〈ソシエテ〉としてのサロン、そして第三に女性の移動の自由と〈公共圏／親密圏〉の二元論について。

フランス革命の勃発やその後の推移に「音声言語」と「書記言語」のいずれが如何ように貢献したか、などという問題提起は荒唐無稽だと思われるかもしれません。しかし今日の学問は——とりあえずデリダの〈ロゴス中心主義〉批判と切り結ぶことのない地平において——明らかに「書かれた言葉」を信憑性のある資料とみなしている。歴史学や思想史において革命が語られるときに第一に参照されるのは、ヴォルテールやルソーなど偉大な思想家たちの著作であり、これに対してロバート・ダーントン『革命前夜の地下出版』は、無名・匿名のパンフレット作者たちを調査対象とすることで新たな領域を開きました。しかるに二世紀も前に「語られた言葉」はどこにも残っていない。この指摘は一見正しいように思われます。

ところが音声言語の痕跡を見出し、語られた内容や文化的・言語的な環境を多少とも再現することは、じつは不可能ではない。碩学マルク・フュマロリの『三つの制度』や『ヨーロッパがフランス語を話していたころ』にはサロンの「会話」をめぐる充実した試論がふくまれており、近年ではアントワーヌ・リルティの文化史『サロンの世界――十八世紀パリにおけるソシアビリテと社交界』が実証研究の鑑のような成果を挙げています【*7】。革命期・帝政期のおびただしい数の回想録や、アメリカの外交官ガヴァヌア・モリスの『日記』などの文献も、ネット上で簡単にアクセスできるようになりました。そして何よりもスタール夫人の歿後二百年に当たる二〇一七年、ようやく学問的な「書簡集」が完結し、大著『フランス革命についての考察』(一八一八年初版の未完の遺著)の初めての校訂版が刊行されました。

スタール夫人の遺著は感動的な書物です。革命期に女性の例外的な政治参加があったことは、歴史家ミシュレなども証言していますが、なにしろ「語られる言葉」を実践した当事者が、みずからの体験を格調高い「書かれる言葉」によって分析・評価しているのですから。スタール夫人は「フランス精神」そのものである「会話の精神」がもっとも輝いたときを「一七八八年から一七九一年末に至る期間」と明確に区切っています。すなわち三部会の招集が決定され、憲法制定議会により一七九一年憲法が発布されて立憲王政が成立するまで。一七九二年以降、革命は一挙に急進化して恐怖政治が敷かれるわけですが、それ以前には、対立する利害や意見がいかに熾烈な争いをくり広げようと「語られる言葉《パロール》」が仲介役を果たしていたというのです。ミシュレも描いているように、上流社会の女性たちの主宰するサロンは、国民議会といわば地続きでした。演壇に立つのは男たちだったけれど、演説の内容は前日にサロンで議論され草稿が準備されており、傍聴席では女性たちが目を輝かせて聴き入っていたといわれます。

スタール夫人の父ジャック・ネッケルはスイス出身でプロテスタントの銀行家。財政の手腕を見込まれてルイ十六世に重用され、三部会の招集時にも大臣の職にありました。大貴族の廷臣という伝統的な権力基盤をもたぬ新参のネッケルは〈世論〉に支えられたリベラルな政治家として、イギリス・モデルの立憲王政をフランスに導入することをめざしていた。言論統制を緩和して〈世論〉を喚起し、しかるべき〈代議制〉を実現しようと志した近代的な政治家であり、今日ではピエール・ロザンヴァロン、マルセル・ゴーシェなどの政治学者が思想家ネッケルを高く評価しています。その父の秘蔵っ子であるスタール夫人は、一国の宰相と日常的に政治を語り合うという稀有な幸運に恵まれた女性でした。そのスタール夫人にとって〈世論〉の原点は、複数の人間が交わすサロンの口頭言語にあり、おそらく印刷物は、少なくとも当初は補助手段でしかなかったのだろうとわたしは考えています。

ここで第二の設問にうつり、そもそも「サロン」とは何か？ と問うてみましょう。じつはサロンという言葉は、本来は邸宅の応接間を指しており、人間的な交流の場という意味での用例は一七九四年が初出であるといわれます。それゆえ十八世紀には「サロン」はなかったともいえるけれど、実体がレッテルに先行して存在するのは、よくあること。サロンを主宰する女性を指して〈サロニエール〉という言葉が使われるようになったのは、ごく最近です。スタール夫人の『フランス革命についての考察』における「サロン」に相当する語彙は「ソシエテ」société であり、アレントもラーエル・ファルンハーゲンのサロンを「ゲゼルシャフト」Gesellschaft と呼んでいるという事実は、すでに話題にしたとおり（Ⅶ女たちの声）。スタール夫人のサロンの常連だったガヴァヌア・モリスも「若い男女の小さなソサイエティ」small society of young men and women と名指している。今日的な「サロン」という呼称が定着したのはスタール夫人の小説『コリンヌ』の影響だという指摘もありますが、ここでは「社会的なもの」が涵養される場という特質が、英独仏に共通する語彙によって強調されているという事実を記憶に留めたいと思います。

物理的な条件という意味で、いかに「サロン」は運営されたのか？　リルティの著作では、上流階級における接待の基本的マナー、歓待の規模や必要経費、朗読や演劇や音楽演奏などの文化イヴェント、ダンスや賭け事などの娯楽、料理や召使の管理、来客の人数や常連の待遇、芸術的・学究的・政治的なサロンの特色、等々についての詳細な調査が行われています。とりわけ興味深いのは、サロンの会話と手紙の連続性という主題です。これもご紹介したエピソードなのですが（Ⅱベンジャミン・フランクリンの恋文 その二）、フランクリンは「会話」と「手紙」を絶妙なタイミングでつなぐ技を心得ていた。フュマロリも脱帽という感じのエレガンスを思い出してください。まだ独立国家と認められたわけではないアメリカ出身の「高齢者」のパリでの大成功は、そこにフランス文化の粋が習得されうるものとして存在し、外国人もこれに参入することが可能だったという事実を告げています。ネッケル夫妻も外国人でしたが、そのサロンは外交と国政と学術の中心とみなされていた。スタール夫人が少女のころから体験的に知っていた〈ソシエテ〉は、精妙な排除の理論と本質的な開放性とが共存する文化空間であったことを強調しておきましょう。

「会話」と「手紙」の関係という主題は、〈ソシエテ〉とその外部、という問題にわたしたちを導きます。手紙はサロンで朗読され、サロンからサロンへと回覧され、コピーが出回ることもあった。しかるに、これを書き手の承諾なしに印刷物として公表すること、すなわち無断で〈公共圏〉に送りだし不特定多数の視線にさらすことは、赦されざる裏切りだった。イギリスに渡った晩年のルソーと、その身元引受人になっていたデイヴィッド・ヒュームとの派手な仲違いというエピソードはご存じの方も多いでしょうけれど、リルティはその決定的な要因が、印刷物による手紙の公開という一見些細な出来事にあったという解釈を詳細に裏づけている（三四二―三五五頁）。いうまでもなく「通信の秘密」や近代的な「著作権」が徐々に定着するのは、革命後のことです。

さて、これまでの話を踏まえて「口頭言語」と「書記言語」の布置について、スタール夫人の生きた時代の視点を再現することができるでしょうか。前述のようにプラトン＝ニーチェ＝デリダ的な文脈においては〈真理〉の探究をめぐる〈パロール／エクリチュール〉の対立があり、デリダはこの対立そのものを脱構築することをめざしたのでした。一方、啓蒙の世紀のサロンにおいては、当然のことながら〈ソシエテ〉と〈言語〉との社会的な関係が前景化されていた。しかも「書記言語」の内部に、肉筆の手紙と印刷された文字を隔てる境界線が黒々と引かれていたらしいのです。それはなぜなのか？ すでに示唆したように〈公共圏〉という指標がそこにかかわっているはずであり、話を先取りするならば、この問題系はラーエル・ファルンハーゲンの伝記を通じてハンナ・アレントへと流入しているのではないか、というのがわたしの仮説です。

ここから〈公共圏／親密圏〉の二元論という第三の話題になります。よくいわれるようにサロンはカフェやクラブと同列の「公共空間」なのでしょうか？ ロジェ・シャルティエのような革命史の大御所が、いとも無造作に「サロンやカフェやクラブや定期刊行物」を一括りにしたうえで、これらの制度が「政治的公共圏」の秩序生成に貢献したなどと断じると、それは男目線であり、男性の視点による歴史記述でございましょう！ と思わず声を上げたくなりますい、【*8】。

初回のブログでも名指された人物ですが（I ベンジャミン・フランクリンの恋文 その一）、アメリカの外交官ガヴァヌア・モリスの『日記』をじっくり読んでいると、当時の男性知識人の一日が目に浮かんできます。たとえばパレ・ロワイヤルのカフェで友人たちと議論し、午後にはフラオ伯爵夫人のサロンを表敬訪問し、オルレアン公妃やスタール夫人のサロンをはしごして、さらにフラオ夫人の邸にもどってオペラ座へのエスコート役を終え、深夜に帰宅してからジョージ・ワシントンに送る書簡のメモを作成して就寝。さらに政治クラブやアメリカ大使館に立ち寄ることもあり、パリに登場したばかりのレストランで軽食をとることもある、等々。なるほど抵抗も障碍もなく移動する男性たちのこうした行動が連なって、「サロンやカフェやクラブや定期刊行物」を基盤とする「世論＝公論」が活性化されるという説明は、理屈のうえでは理解できなくはない。

ところで同じ都市に住む女性たちに同様の身体的な自由はありません。上に列挙された複数の空間で、女性が単身で行動できるのはサロンのみでした。十八世紀のフランスで、女性の主宰しないサロンは原則としてありえなかったけれど、一方で上流社会の女性は、男性同伴でなければ街も歩けない。カフェやレストランは女優や娼婦の出入りするいかがわしい界隈にあり、政治クラブは女人禁制です。革命が急進化した時期には女性の政治クラブも出現しましたが、すぐに潰されてしまった。ということで、スタール夫人が自由のために死守しなければならぬと感じていたサロンは、女性の主体性が存分に発揮される唯一無二の空間だったのです。この事実を執拗なまでに強調しておかねばなりません。

リルティの労作に記された〈サロニエール〉としてのノウハウを女性は自分で習得し、自力でサロンの運営に当たる（もちろん助言者がいる場合もあるけれど）。とりわけ重要なのは「会話」をとりしきる技《わざ》であり、複数の参加者を楽器の演奏者に譬《たと》え、〈サロニエール〉をオーケストラの指揮者に見立てるという話もあります。招待客の顔ぶれからお食事のメニューまで、わたしがすべてに気を配った個性的な場が、街角のカフェと同様、匿名の公衆《パブリック》に開かれた「公共空間」などということがありえましょうか?!

大方の男性は何もわかっておられない、と溜息をつくより先に、女性として宣言しておきましょう――わたしたちのサロンは〈公共圏〉でもなく〈親密圏〉でもない、それは二元論的な対立項のあいだに近代になってから挿入された新領域としての〈ソシエテ＝社会〉にほかならない。アレントを読みなれている方はお気づきでしょうが、これは『革命について』【*9】（一九六三年）および『人間の条件』に提示された見取り図に正確に呼応する理解です。

そろそろラーエルの伝記に移行する準備ができましたけれど、ひと言補足しておきたいと思います。リルティは「サロン＝公共圏」という図式化を否定して、その役割を「インターフェイス」という言葉に託して説明しています。ヴェルサイユの宮廷文化とパリの都市文化、あるいは伝統的な特権身分と新興知識人など、疎遠に見える文化や集団の接点となり、交流と相互浸透に貢献する機能を指した表現です。ここ数年間、スタール夫人の思考に密着してきたわたし自身は、その延長上で、とりわけ革命期の〈ソシエテ〉は〈公共圏〉と〈親密圏〉の「インターフェイス」として機能したといえるのではないかと考えるようになりました。特異な状況下に出現した政治的な自由は儚く潰えてしまいましたが、なおのこと貴重な体験の意味を問いなおし、現代に活かす教訓としたいものです。

ご存じのように近代の〈公共圏〉は古代世界のそれと同様に、女性の参加を排除したものとして形成されました。フェミニズムが批判するように、今日も「男性＝公共圏＝政治」「女性＝親密圏＝家庭」というジェンダー秩序は隠然たる力学として生きている（政治や企業の指導的立場の女性比率、家事の分担、夫婦別姓、等々）。スタール夫人は政治や文化について一般的な議論を展開するかたわら、このような女性排除のシステムが目前で立ち上がってゆくことへの危機感を折りあるごとに語りつづけたのでした。

一七九九年の末、ナポレオンがクーデタにより第一統領となり、サロンの言論は着々と圧殺されてゆきますが、そこで一気呵成に『文学論』（一八〇〇年）『デルフィーヌ』（一八〇二年）『コリンヌ』（一八〇七年）『ドイツ論』（一八一〇年、刊行は一八一三年）を書き上げたスタール夫人の気迫には、尋常ならざるものがある。その成果に圧倒されながらも他方では、スタール夫人は本質において〈声〉の人であり――〈声〉の発される現場に特別な愛着と期待を抱いており――〈書くこと〉は二の次とはいわぬまでも代替の戦略という動機を秘めていたのではないかという気がしてなりません。

『コリンヌ』がヨーロッパ的な成功をおさめるまで、スタール夫人が書斎はおろか、書き物机さえもたなかったというエピソードには、女性の慎ましさなどには還元できぬ聡明な覚悟が感じられるように思うのです。わたしがそこに直観的に読みとっているのは、複数の人が集う〈ソシエテ〉を優先的に守り、女性のプレゼンスをたえず演出したいという強い意志。ここでアレントの語彙を借りるなら、そのような〈ソシエテ〉から〈公共圏〉に向けて〈声〉が発されるとき、社会的な人間としての〈活動〉が初めて実践されるのではないでしょうか。

(Auto) biographyを書く──アレント『ラーエル・ファルンファーゲン』

一七七一年にベルリンで生まれたラーエル・レーヴィンは、スタール夫人より五歳年下。父親は富裕なユダヤ人で、二十歳になるころからイェーガー街の通称「屋根裏部屋」でサロンを主宰（といっても二十人ぐらいは入れる社交用の広間があったそうですが）。フンボルト兄弟、フリードリヒ・シュレーゲル、フリードリヒ・ゲンツ、シュライアーマッヒャー、プロイセンの王子ルイ・フェルディナンドとその愛人パウリーネ・ヴィーゼル等々、綺羅星のごとき著名人・知識人が参集したという。一八〇六年、ナポレオンのベルリン入城によりサロンは閉鎖され、仲間たちは戦争のために四散。一八〇八年から交際していたファルンハーゲンと一八一四年に結婚。一八一九年に夫がプロイセンの代理公使の職を解かれるとベルリンに帰還してサロンを再開し、一八三三年に死去。

ナポレオンに口を封じられた〈サロニエール〉という意味で、スタール夫人とラーエルは姉妹のようなもの、どこかに接点がありはしないか、と以前から気になっていたのですが、二〇一七年に完結したスタール夫人の書簡集のおかげで、あるていど確認できました。ラーエルが一八〇〇年の夏から十カ月ほどパリに滞在したとき、スタール夫人が彼女の噂を耳にしたらしい形跡はあるけれど会ってはいない。一方、一八〇三年の末、ナポレオンに睨まれたスタール夫人はパリに入ることを禁じられ、決然とドイツ語圏に向けて旅立つのですが、このときには行く先々で大歓迎を受け、ヴァイマルではゲーテ、シラー、ヴィーラントなどと交流するほどに名声が高まっていた。一八〇四年の春、ベルリンに四十日ほど滞在し、あるレセプションでラーエルに紹介されたことは確実であるようです。スタール夫人は他の客はそっちのけでラーエルとの対話を楽しんでいたとの証言を、のちに夫のファルンハーゲンが書き残しているのですが、アレントによれば、ラーエルの死後、その遺稿を整理して発表したファルンハーゲンは、亡き妻の交際を美化し歪曲する傾向が顕著ということですから、結論としては、生身の交際は希薄だったと思われる。

ところで生前のスタール夫人が知っていたのは、レーヴィン家のラーエルであって、ファルンハーゲンとの結婚によりベルリンの上流社会で認知されたラーエルが〈サロニエール〉としての活動を本格的に再開するのは、スタール夫人の死の二年後です。となると、ほとんど接点のなさそうな二人ではありますが、その一方で、少なからぬ数の知人や友人を共有しているという事実は見逃せません。十九世紀の初頭、ドイツ語圏には親フランス的な知識人たちのネットワークが形成されており、シュレーゲル兄弟やヴィルヘルム・フォン・フンボルトなどと親交のあるスタール夫人は、その接点にいた。とりわけアウグスト・ヴィルヘルム・シュレーゲル（兄）は一八〇四年にベルリンでスタール夫人に見込まれて息子の家庭教師という名目で実質的には家族の一員となり、亡命生活をふくめ夫人の死まで行動を共にすることになる。国外追放になったスタール夫人がレマン湖の畔コペに形成した新しい〈ソシエテ〉は――スタール夫人自身は〈公共圏〉から排除された亡命者の集団を真の〈ソシエテ〉とは認めなかったけれど――ラーエルの〈ゲゼルシャフト〉と〈言語環境〉として似ているというだけでなく、顔ぶれや情報の流れという意味でも重なるところが大いにあるのです。

アレントが『ラーエル・ファルンハーゲン』（英語版は一九五七年、ドイツ語版は一九五九年）を執筆することになった経緯は、大島かおりによる周到な「訳者あとがき」およびエリザベス・ヤング＝ブルーエルの浩瀚な『ハンナ・アーレント伝』に詳しく述べられているので、要点のみ。一九二〇年代の末、学位論文『アウグスティヌスの愛の概念』を仕上げてすぐに、アレントはラーエルの伝記にとりかかる。一九三三年ナチの政権が樹立されて国外に出て以降、パリから南仏の収容所、そしてアメリカへと亡命の生活を送るなかで四半世紀以上も原稿を手放さなかったというのですから、並々ならぬ執着があったのでしょう。

幕開けに「私の関心はただ、ラーエルの生涯の物語を、もし彼女自身が語ったとしたらこうであろうように私の言葉で語ることにあった」（三—四頁）と記されており、語り手が主人公の体験に一体化したような、じつに不思議な構造をもつ伝記です。わたしが見出しに掲げた(Auto) biographyという言葉は、英語版の「解説」のタイトルから借りたもの【＊10】。数あるアレントの著作のなかでも異彩を放つこの作品をいかに読むか。いくつかの方法がありそうです。

第一に、偽装された告白として読む。つまり同化ユダヤ人としてのラーエルがみずからのアイデンティティを模索した軌跡をアレントの人生に投影しながら読む、あるいは逆にアレントからラーエルへの自己投影の痕跡をテクスト上に探しながら読むという往復運動的なやり方。クリステヴァの読解は、その模範であり、わかりやすい例を挙げればラーエルがフリードリヒ・

ゲンツに捧げた熱い敬愛の念に、アレントが師でもあり愛人でもあったハイデガーに捧げた感情の投影を見るといった手法です【*11】。ちなみにエドマンド・バークの『フランス革命の省察』をドイツに紹介し、反ナポレオンの頭目とみなされていたこの思想家には、スタール夫人も強い関心を寄せており、一八〇八年、二度目のドイツ旅行でわざわざ会いに行っている。

第二に政治学の視点からすれば、カール・シュミットの『政治的ロマン主義』などを参照しながら、ラーエルの人脈と同時代の思想的潮流とを一望のもとに収めるという作業が求められるでしょう。アレントがシュミットを念頭に置いていたことは「第七章　同化　一八〇七―一八〇八年」に「政治的ロマン主義者」という表現があることからも確かであり（一二九頁）、ユダヤ人の「同化／排斥」とドイツ・ロマン主義という巨大な問題系につながる主題が潜んでいることは、おのずと推測されるのです。

ごく簡単に素描してみたい第三のアプローチは、ラーエルの(Auto) biographyを書くという言語的な体験をとおしてアレントが何を獲得したか、という話。この書下ろしエッセイの道筋を整理するために、結論部分の方向性を再確認しておきましょう。以前にも示唆したように、革命から帝政期にかけての独仏の政治的なサロンの会話と『人間の条件』における〈言論《スピーチ》〉が無縁であろうはずはない、さらにはアレントの考える近代的な〈社会〉の水脈には、〈ゲゼルシャフト〉としてのラーエルのサロンが流入しているのではないか――これら二点について考えてみたいのです。

それにしても『ラーエル・ファルンハーゲン』という作品の魅力について語らぬわけにはゆき

ません。ラーエルはユダヤ性を捨ててドイツの市民社会に「同化」することをめざした女性なのですが、そのためには名前を変えること（VIわたしたちの社会的アイデンティティを剝奪しないでください——選択的夫婦別姓）、そして上流階級の非ユダヤ人と結婚することが、もっとも効果的な手段でありました。ただし、それだけでラーエルの逞しい「恋愛＝結婚」願望が解明されるわけではない。スタール夫人とラーエルの年齢差はわずか五歳であり、二人はそれぞれに世間的に見れば「恋多き女」ということになる。世にいう「男性遍歴」の詳細は省きますが、スタール夫人が雅な「啓蒙の世紀」の有終の美を飾ったとするなら、ラーエルは「ドイツ・ロマン主義」の新しい恋愛様式を造形したといえるのではないか。アレントは博士論文で神学的な概念としての「愛」について語ったのちに、近代市民社会における世俗の「愛」の実践を、社会との絆を切実に求めるユダヤ人女性の体験をとおして描出したのだと思われます。「ロマン主義」が「愛の概念」と不可分であることは、ほかならぬスタール夫人が『ドイツ論』で指摘したとおり。なによりもテスクトを読んでいただきましょう。ラーエルが「夢」と名づけた日記帳から、大きな城に到着した「わたし」が「わたしの動物」に迎えられる話。

なんという動物か名づけようのない、およそこの世にいないたぐいの生きもので、大きさは羊ほど、でもふつうの羊より痩せていて、汚れない雪のように純白。なかば羊のよう、なかば山羊のようで、アンゴラ山羊を思わせる毛をしていた。鼻と口のあたりは赤みを帯びて、このうえなく清楚でみごとな大理石のような曙の色、爪先もやはりおなじ。この動物はわたしの顔なじみだった。どうしてかはわからないが、かぎりなく愛してくれていて、わたしにそう言い、そう示すすべを心得ていた。わたしも相手を人間あつかいしなくてはならなかった。それが前足でわたしの手を握ると、その感触はいつも心臓にまでしみわたった。わたしを見る両の目には愛情があふれていて、これほど大きな愛情を人間の目に見たことはいちどもない。たいていのとき、それはわたしの手をとり、いつもわたしが仲間のところへ行きたがるのでいっしょに部屋部屋を通ってゆくのだが、たどり着けたためしはない。(一四一―一四二頁)

「脚が第二関節のところまで床にめりこんで」いて「じつに奇妙な歩き方」をするこの動物は、「わたし」を愛して保護してくれるだけでなく、「大きな支配力」を揮っており、「あの動物にただ手を握られただけで起きたような激しい五感のざわめきを、夢でなく目覚めているときに感じたことは生涯にいちどもない」とラーエルは語っている。「第七章　同化　一八〇七―一八〇八年」につづく「第八章　昼と夜」からの引用ですが、アレントはラーエルの体験に一体化して、その夢の記憶を一人称のまま何ページにもわたって書き写しているのです。思わず「女のエクリチュール!」とつぶやきたくなりますが、そちらの方向に向かうことは自制して、比較のために言い添えれば、スタール夫人の恋愛小説では、夢がただ不条理な夢として、謎に満ちた親密性の内奥を開示するかのように記述されることは決してない。

何度もくり返し見たという、ラーエルの夢のつづき、というより結末を簡単に紹介しておきましょう。あるとき「わたし」は「わたしの動物」がうずくまっているのを発見する、なぜか「真っ黒いごわごわした毛」が生えているその動物を、爪先でちょっとさわってみたら、動物はくるっと寝返って、たいらにひろがって皮だけになってしまった！　以後は黒い動物も白い動物も二度と夢に出てこなくなった……。

一連の夢についてはラーエル自身が解釈を行っており、「白い動物」は永年の結婚願望の対象だった伯爵家の金髪の紳士、「黒い動物」はもう一人の恋人、スペイン系の褐色の髪の美男子だとのこと（このスペイン系の美男子にスタール夫人が執着を示したという話もあるらしいけれど、これもラーエルの夫の証言ゆえ真偽のほどは定かでない）。こうした夢の記述にアレントが書き添えたコメントは、きわめて興味深いのですが、この話題はエッセイの最後にあらためて。

さて年代順の構成になっている『ラーエル・ファルンハーゲン』のなかで、唯一年代指定のない「夢」の章は、明らかに特異な位置を占めている。つづく「第九章　路傍の乞食　一八〇八―一八〇九年」で未来の夫ファルンハーゲンが登場するのです。見出しからも推察されるように、身分も教養も経歴も凡庸そのもの、十四歳も年下の青年ですが、アレントの人物解釈によれば、自分より優れた人間を崇拝し献身的に尽くすという特性をもっていた。ラーエルはそのファルンハーゲンに「もっているものすべて」、日記も手紙もすべて与えたのだそうです。青年はラーエルの手紙を三千通もっていると友人に自慢したとか。ファルンハーゲンは、六年後に晴れてラーエルの夫になるまでに、ライヴァルの青年が戦死するとか、順調に外交官のキャリアを積んで経済的な基盤を得るとか、祖先をたどって貴族の称号「フォン・エンゼ」を称するまでになるとか、さまざまの偶然に恵まれるのですけれど、そうした個人史は脇に措くことにしましょう。重要なのは、この夫がラーエルの死後にその言語的な遺産を相続し——多少の改竄は加えたとしても——印刷物として〈公共圏〉に送りだす役目を担ったという事実。ラーエル自身も、そのことを予測しプロフェッショナルの〈サロニエール〉として生活設計をしたにちがいないのです。アレントが戦前にアクセスした資料と完全に同じではないのかもしれませんが、ナチの時代に行方不明になってのち再発見された現在の「ファルンハーゲン文庫」には、ラーエルの書いた手紙だけで六千通以上、日記帳十三冊が含まれているとのこと。わが国が江戸時代であった二世紀前の女性について、これほど充実したアーカイヴをもつヨーロッパが羨ましくなりませんか。

ところで〈サロニエール〉は作家ではない。みずから出版はしないけれど、〈声〉と〈書くこと〉をめぐる固有の言語体験があり、独自の戦略と方法論を編みだしてもいただろうと推測されるのです。そのような観点から見ても、アレントの(Auto) biographyは示唆に富み、著者の意図を反映して幾何学的なほど端整に構成されているように思われます。ラーエルの出発点はルソー的な内省、不安な自己省察の言葉にありました。やがてゲーテに導かれて、歴史に根ざした思考へと導かれる。「第六章　解答・大いなる僥倖　一八〇五—一八〇七年」で、ラーエルはゲーテという「信頼する一人の人間」を見出したことにより「歴史を信頼し、言葉を信頼するる」ようになります。「彼女個人の出会ったことは、改竄なしに、普遍性において語られうると信じることができた」というのです（一一九頁）。つづく三つの章の主題は、すでに見たように

「同化」「夢」「伴侶」であり、十三章からなる全体のなかで、ここが山場あるいは転換点をなすともいえる。以降ラーエルの〈言語環境〉における社会的な契機が着実に増補されてゆきます。

歴史に名を残す〈サロニエール〉の資質がラーエルの内部で育まれる過程を、アレントは繊細に、平明に記述しています。ラーエルは「自分の人生を描いてみせる技倆を、名人の域に達するほどに習得」した。そして「真実を言うことではなく、自分をどうぞ見てくださいと差し出す」こと、「だれにでもおなじことを言うのではなく、それぞれ相手にふさわしい話をする」こと、人間は「特定の者として特定のことを言うときのみ耳を傾けてもらえる」ことを学ぶ。しかし、これからラーエルが習得しなければならぬことがあり、それは人間の両義性、「言語とともに、慣習において保証されている両義性」だった。つまり、人は「一個の自己であるだけでなく特定の社会的資格もそなえている」ということ、「社会生活の当然ながら複雑な編み目」のなかで、母親、子、姉妹、恋人、等々であり、さらには市民でも友人でもあることを理解すること。なにかを知っているという風情によって相手に気まずい思いをさせぬ勘どころを知ることで、はじめて「優美さ」が身に着くはず……（二二四頁）。

ラーエルに寄り添い、その思考と模索の過程に一体化したアレントの言葉に、わたしは親しみと共感を覚えます。〈ゲゼルシャフト〉としてのサロンは〈親密圏〉と〈公共圏〉のいずれでもない、両者の結節点に位置するインターフェイスではないか、という理解を補強するものが、ここにもあると思われます。

「ファルンハーゲン文庫」が膨大な手紙と日記からなることは、すでに述べました。アレントの(Auto) biographyは二部構成。伝記の本体につづき「ラーエルの手紙および日記より」と題した第二部に直筆原稿の抜粋が収められ、二段組み三二六ページの三分の一近くを占めている。その全体を丁寧に読み込むことで〈サロニエール〉の言語的な体験とは何かが見えてくるはずです。心地よい空間を提供するだけでもなく、男たちが主導する会話に愛想よく合いの手を入れるだけでもなく、かといって才走った介入をしたり、声高に采配を振ったりするのでもない、それぞれの人間の「両義性」をうけいれる「優美さ」をそなえた〈サロニエール〉の姿を思い描いてみてください。

ラーエルにとって手紙は昔から「会話の代わり」（二四頁）だった。おそらく〈声〉と〈書くこと〉は連続しており、その成果は不可分の総体をなしていた。この事実を強調するのには理由があります。わたしが今書きつつあるエッセイの潜在的な主題でもある〈パロール／エクリチュール〉という二項対立が、哲学的な思考のなかで、抽象的作業としていかに論理的に構築されていようとも——あるいは鋭利に脱構築されていようとも——そのこと自体は、体験のなかでの言語使用という具体的な地平での素朴な反省を禁じるものではない。じっさいラーエルに遭遇した時点でのアレントは、マールブルク大学、フライブルク大学、ハイデルベルク大学で学び、ハイデガー、フッサール、ヤスパースに師事して『アウグスティヌスにおける愛の概念』により博士号を取得したばかり。とりわけハイデガーの著作はすべて読み、プラトン以来の偉大な思想家を片端から読破して、哲学・神学の語彙によって考察を深めてきた気鋭の研究者です。なおのこと、新鮮な感動とともに「ファルンハーゲン文庫」というパブリック・ドメインの資料にとり組んで、無垢な状態からラーエルの言語的体験への一体化を遂行し、ついにラーエルを「ほぼ百年も前に死んだのに、私のもっとも親しい友人」と呼ぶまでになった。そのようにわたしは考えているからです。

アレントの〈言論《スピーチ》〉とは？――『人間の条件』

この書下ろしエッセイの動機となった一つの疑問と困惑を語ることから始めましょう。ご存じのようにアレントは『人間の条件』のなかで、人間の〈活動的生活〉vita activaを三つの基本的な枠組、すなわち〈労働〉labor と〈仕事〉work と〈活動〉action に分類しています【*12】。まず〈労働〉は人間の生命を維持するために不可欠な事柄を指し、ついで〈仕事〉は人為的に世界に付加されるもの、たとえば芸術家がモノとしての〈作品〉を製作することを指す。そして〈活動〉は必ず〈言論《スピーチ》〉を伴っており、人間は言葉と行為によって、唯一無二の存在として複数の人間のまえに立ち現われることになる。そのような〈活動〉は「自分自身を人間世界の中に挿入する」ことにほかならず、「第二の誕生」に似ているとアレントは語ります（二八七―二八八頁）。

全体の構成や章の長さからしても、アレントの関心がとりわけ〈活動〉に向けられていることはおのずと推察されますが、それにしてもこの三区分においては〈スピーチ＝パロール〉が圧倒的な迫力で前景化してしまう。その一方で〈書くこと＝エクリチュール〉の位置づけが不分明であるような気がして、わたしは困惑してしまったのです。なるほど「第四章　仕事」の最後の項「23　世界の永続性と芸術作品」を読めば、人間の思考能力の物化としての芸術作品という定義があり、それはわからぬではない。「言語を材料とする詩は、おそらく芸術の中で最も人間的で、最も非世界的な芸術であり、最終生産物である作品が、それに霊感を与えた思想に最も親密な関係を保っている芸術であろう」という指摘も、それなりに納得できる（二六四―二六七頁）。ただし「最終生産物」に至るまでの書く営み、語彙を探し、構文を工夫し、書いては消してまた書き直す〈エクリチュール〉の営みはどこに行ってしまったのか、と問わずにはいられませんでした。

デリダっぽい時代に生きた文学研究者の性《さが》でしょうか、言葉のさまざまな営みのなかで〈作品〉を作るという作業のみが、いわば分離されて「物の製作」という〈仕事〉の範疇の片隅に収納されていることに、強い抵抗感を覚えたのです。その後、スタール夫人やラーエル・ファルンハーゲンの生きた〈言語環境〉などに思いを馳せているうちに、ようやく思い当たりました、アレントがハイデガーの愛弟子であったことは確かだとしても、言語をめぐる哲学的思考の内部に留まろうとはしなかったのだろうということに。そうでなければ、アレントの政治的な思考があのように逞しく開花することもなかったのではないか。じっさい『人間の条件』においては〈スピーチ＝パロール〉が哲学的な「真理」とも「現前性の形而上学」とも無縁な地平に位置づけられており、じつは〈パロール／エクリチュール〉の二元論もご破算にされているらしいというとりあえずの結論に至りました。その事実に、むしろ積極的な意味を見出したいとも考えています。

このエッセイの冒頭で、わたしは「一見縁もゆかりもなさそうな三人の女性が生きた〈言語環境〉の接点を、言葉の社会的な機能という側面からあぶりだしてみたい」と述べました。じつはスタール夫人はラーエルと因縁浅からぬ〈サロニエール〉であり、アレントは(Auto) biographyを書くことで、ラーエルの〈言語環境〉に身を置いた。しかも、アレントがラーエルに熱中していたころ、ナチが政権を掌握する直前のドイツでは、教授たちと学生たちの活発な交流が知的で文化的なサロンのような空間でくり広げられていたようです【*13】。さらに英語版『ラーエル・ファルンハーゲン』の「解説」は、アレント自身が〈サロニエール〉の資質を発揮する場面の描写から始まっている。以上で三人の「接点」は明らかになったと考えます。しかし「言葉の社会的な機能」とは？　この疑問があらためて浮上するはずですが、ここで問うべきは、たとえばルソー的な〈社会〉を含めた一般論ではなくて、あくまでもアレントの思想のなかで培われた〈社会〉の概念です。

ところが困ったことに、アレントの「社会」という言葉は、文脈により随分と趣の異なる概念として運用されているようにも見えるのです。まずは『アウグスティヌスの愛の概念』の第三章にも「「社会生活」Vita socialis」というタイトルがつけられているけれど、中世の「ソキエタス」と近代の「社会的なもの」とのあいだに安易に連関を求めてはならぬことはいうまでもありません。一方で『革命について』には、明確に十八世紀的な定義があって「このばあい、社会とは奇妙でいささか雑種的な領域のことであり、この領域よりも古くもっとまじり気のない二つの領域、すなわち一方における公的、政治的領域と他方における私的領域のあいだに近代になってから挿入されるようになった領域のこと」であるという（一八七頁）。具体的には「宮廷社会」「廷臣生活」「サロン界」などを指すことが、後続の部分で示されており、アレントの念頭にあるのが、スタール夫人の用語でいう〈ソシエテ〉に相当することはまちがいありません。

さらに『人間の条件』でも「第二章　公的領域と私的領域」の小見出しを一瞥すると「人間――社会的または政治的動物」「社会的なるものの勃興」「社会的なるものと私的なるもの」といった語彙が並んでいる。一貫しているのは〈公共圏／親密圏〉の二元論に〈社会〉という概念を「挿入する」insertことで、初めてヨーロッパの近代をダイナミックに読み解くことができるという発想です。「厳密にいうと、私的なものでもなく公的なものでもない社会的領域の出現は、比較的新しい現象であって、その起源は近代の出現と時を同じくし、その政治形態は国民国家に見られる」（四九頁）という一文は、『革命について』からの上記の引用とほぼ重なるようでもありますが、ただし決定的に異なるのは〈社会〉を政治的に組織化するのが〈国民国家〉であるという定義です。こちらは明らかに十九世紀の話。ただちに思い当たる方もおられるでしょうが、じっさいアレントの『全体主義の起源』は「階級社会の崩壊」と「大衆社会の出現」、結果としての「個人のアトム化」といった語彙で語られている。〈全体主義〉とは、〈国民国家〉の内部で病んだ〈社会〉が肥大化し、真の政治的空間であるべき〈公共圏〉と私的なものの拠り所である〈親密圏〉が、ともに侵略され破壊されるプロセスでもあるわけです。

二点ほど補足しておきましょう。まずは近代の原点にある十八世紀的な〈ソシエテ〉が、本質において〈声〉の空間であったことを思い出していただきたい。若い頃の孤独で自省的なラーエルが、相手が二人以上の「会話」より一対一の「対話」を好んだという指摘につづいて、アレントは「社会から退きさがる」という否定的な言葉でこれを批判しています（二九頁）。〈社会〉とは人と人が関心をもって向き合い、そこに言語的コミュニケーションが生まれる〈複数性〉の空間であるという意味でしょう。言い換えるならアレントのいう〈活動〉と〈スピーチ〉と〈複数性〉【*14】は不可分の一体をなしており、これは〈公共圏〉の出来事である以前に、むしろ〈社会〉の生成にかかわる事柄ではないか。それというのも〈複数性〉とは、ラーエルの体験によるなら三以上の数えられる数であり、一方〈公共圏〉が想定するのは不特定多数の公衆であろうから、それこそ万単位でもありうるはず……と、遠慮がちに疑問を呈したのは、アレントのいう〈活動〉を直接〈公共圏〉に結びつける解釈のほうが、一般的であるように見受けられるからです。

もちろん断定しようというのではありません。そもそもアレントはカテゴリーや区分けを提案したあとで、これを整然と構造化してみせることはあまりない。『人間の条件』では、冒頭部分で人間の〈活動的生活〉を〈労働／仕事／活動〉に分けてみる、人間世界は〈公共圏／社会／親密圏〉に分けられる、などと説明しながら、二つの水準を図式的に対応させることは全くない。三項目を設定することが、二項対立的な思考を揺るがす契機になることは、おのずと想像されるわけですが、だからといって対立項の止揚、いわゆる「アウフヘーベン」ではないのですね。以前にアレントの思考は「三拍子」という話をしましたが（V両性具有——排除的分類ではなく）、じつはヤング＝ブルーエルの『ハンナ・アーレント伝』にある「三部構成」の思考法という指摘を借りたもの（三七九頁）。特徴的なのは「挿入する」という仕草です。人間は言葉と行為によってみずからを世界に挿入する、公共圏と親密圏のあいだに社会が挿入される……、とわたしはくり返しながら、たしかにアレントはヨーロッパ思想の二元論を脱構築している、それもデリダとは異なる具体的なやり方で、とあらためて敬服してしまうのです。

身近なウィキペディアが、ここでも参考になりそうです。フランス語版「ハンナ・アレント」の項目に『人間の条件』からの引用がある。英語原典（二二二頁）と邦訳（三五〇—三五一頁）も参照しつつフランス語訳のやや辛辣なニュアンスを活かして試訳してみましょう——「プラトン以来の政治哲学の大方は、政治からきれいさっぱり逃げ出すための理論的な根拠と便利な方法を発見しようとする、あれやこれやの試みに過ぎなかったと解釈することは容易いだろう」。「哲学」はいかに精緻に「政治」を語ってもナチに対して無力だったではないか、という決定的な失望が言葉の背後にあるのかもしれません。あるインタヴューでアレントがみずからを「哲学者」に属してはないと断定し、自分の職業を「政治理論」と定義したことはよく知られています【*15】。ウィキペディア仏語版の引用は、そうした自己認識の宣言が由来するところを解き明かしているようにも思われて、とてもわかりやすい。この文章は英語版ウィキペディアには引用されていないのですが、その一方でフランス語のネット空間では何千回とリピートされ、二〇一六年にはバカロレア（大学入学資格試験）の哲学の試験問題に登場しているらしい。フランス共和国の中等教育の水準の高さを羨むべきか、それとも世界中にはびこる情報化と知的怠慢を嘆くべきなのか。いずれにせよ要するにウィキペディアは便利ではあるけれど、身体的なプレゼンスのない無責任なメディアであり、そこには〈声〉も〈言論〉もありえません。

さて〈活動〉と〈言論〉との関係はいかなるものかについて『人間の条件』の読解を試みることはしませんが、アレント的な語彙についてさらにひと言。「第五章 活動」の冒頭に置かれた第二四節は「言論と活動における行為者の暴露」と題されており、のっけから言葉の選択に躓きつけられます。「暴露」と訳されているdisclosureは「開示」という訳語を当てる場合もあり、要するに、閉ざされて見えなかったものが開かれて見えるようになる、という暗示。お気づきのように「真理」を隠蔽するヴェールとは全く異質なメタファーです。「挿入する」という特徴的な動詞もそうですが、アレントの文章には、人間の動作や日常的な運動を示唆する動詞が、人間以外の主語とともに使われる構文が多いように思われます。抽象的な概念の整合的なシステムを構築したり解体したりする形而上学的な思弁とは異なって、思考のプロセスそのものが、言葉が躍動する体験のようなものであるからでしょう。

その見事な例が(Auto) biographyの夢にかかわる断章です。ラーエルの見る「懺悔」の夢、詳しく紹介する余裕はありませんけれど、冥府と現世のはざまの薄暗闇で、死んだラーエルが親しかった女友達と頭と足を逆向きにして灰色の毛布のしたに並んで横たわっている、かたわらには聖母の姿があり、その女友達と問答形式で人生のあれこれの苦しみを告白しては、さめざめと泣くという衝撃的な夢について、コメントするアレントの文章の素晴らしさ。

これほど真実を衝き、もっとも高い普遍性をおびた夢にあっては、昼と夜はもつれあって解きほぐせない。真実と嘘は絡みあって解けず、どこが故郷でどこが異郷か見きわめがつかず、なにが語られなにが沈黙で隠されているか見通せない。夜と夢は、昼が嘘でごまかすか語らずに隠していることを、あばいて確証し再現する。夢はどんなこともしりごみせずにやってのけ、むきだしの現象を突きつけ、それらがどんなに理解不可能だろうとおかまいなしだ。おのれが理解できないもの、変えることのできないものを受けいれまいとする意志を、夢はらくらくと打ち負かしてしまう。隠されたものをなにもかも、夢は光のなかにひきずりだす。(一四九頁)。

引用は長いコメントの冒頭部分であり、つづく段落は「しかし隠されていたものを確証する夜のやり方には嘘がある」という文章から始まります。ここで述べられているのが「開示」の複雑なメカニズムであること、アレントには「光と闇」「嘘と真実」をめぐるダイナミックな(二項対立ではない)主題系があることを理解していただけたのではないでしょうか。

エッセイの冒頭で〈女のエクリチュール〉という言葉を安易に使わぬほうがよいといいましたが、ほかに名づけようがないという気もします。並んで横たわる女性の身体のように、ごく自然に体験や実感を分かち合えるという安心感。これはかけがえのないものです。わたしが真剣にアレントを読み始めたのは最近のことなので「私のもっとも親しい友人」などと呼びかけたりはしませんけれど、それはそれとして『女たちの声』と題したこのささやかな本に、あたかも親しい友人であるかのようにアレントを招じ入れたいと願っておりました。

ところで日本語の〈言語環境〉に潜む微妙な性差の力学によれば、わたしは女性であるから「女たちの声」と自分の本を名づけることができる。男性の書き手なら「女たち」といわずに「女性たち」といったほうが無難じゃありません？　単数形の場合は？——それぞれに考えてみてください。ここで女が複数形であるのは、単数形だと女の自己主張か告白のようになり、それは著者の意図ではないからでもありますが、むしろアレントのいう〈複数性〉に惹かれているからと説明しておきましょう。わたしたちにとって〈女たち〉というのは美しい言葉であろうと思うのです。

＊1　『評伝 スタール夫人と近代ヨーロッパ——フランス革命とナポレオン独裁を生きぬいた自由主義の母』東京大学出版会、二〇一六年。『政治に口出しする女はお嫌いですか？——スタール夫人の言論 vs. ナポレオンの独裁』勁草書房、二〇一八年。

＊2　Marguerite Duras, *Ecrire*, Gallimard, 1993, pp. 34–35.

＊3　*Ibid.*, p. 58.

＊4　Jacques Derrida, *Eperons—Les Styles de Nietzsche*, Flammarion, 1978.

＊5　ニーチェ『善悪の彼岸』中山元訳、光文社古典新訳文庫、二〇〇九年。

＊6　ジャック・デリダ『有限責任会社』高橋哲哉・増田一夫・宮崎裕助訳、法政大学出版局、二〇〇二年。

＊7　Marc Fumaroli, *Trois institutions littéraires*, Gallimard, folio, 2010, *Quand l'Europe parlait français*, Editions de Fallois, Livre de poche, 2001. Antoine Lilti, *Le monde des salons, Sociabilité et mondanité à Paris au XVIIIe siècle*, Fayard, 2005.

＊8　ロジェ・シャルティエ『フランス革命の文化的起源』松浦義弘訳、岩波書店、一九九四年。「いくつかの原理が、サロンやカフェや定期刊行物に基礎をおき、文芸上の公共圏に直接に由来する政治的公共圏を秩序づけている」という指摘は「第二章　公共空間と公論」の冒頭にあり、つづくページにも「審美的批判の審級としての公衆をつくりあげた制度――サロンやカフェやクラブ、定期刊行物」という表現がある（三二―三四頁）。

＊9　ハンナ・アレント『革命について』志水速雄訳、ちくま学芸文庫、一九九五年。Hannah Arendt, *On revolution*, Introduction by Jonathan Schell, Penguin Classics, 2006.

＊10　Hannah Arendt, *Rahel Varnhagen, The Life of a Jewess*, First complete edition, edited by Liliane Weissberg, translated by Richard and Clara Winston, The Johns Hoptkins University Press, 1997. Introduction, « Hannah Arendt, Rahel Varnhagen, and the Writing of (Auto) biography », pp. 3–69.

＊11　ジュリア・クリステヴァ『ハンナ・アーレント――〈生〉は一つのナラティヴである』松葉祥一・椎名亮輔・勝賀瀬恵子訳、作品社、二〇〇六年、八三―八四頁。

＊12　ハンナ・アレント『人間の条件』志水速雄訳、ちくま学芸文庫、一九九四年。Hannah Arendt, *The Human Condition*, With an Introduction by Margaret Canovan, Second Edition, The University of Chicago Press, 1998, pp. 19–20.

＊13　エリザベス・ヤング＝ブルーエル『ハンナ・アーレント伝』荒川幾男他訳、晶文社、一九九九年、一三二―一三四頁。

＊14　アレントの用語ではpluralityである。『人間の条件』では「多数性」と訳されている。

＊15　『アーレント政治思想集成1――組織的な罪と普遍的な責任』ジェローム・コーン編、齋藤純一・山田正行・矢野久美子訳、みすず書房、二〇〇二年、二頁。

初出一覧

「人文学の遠めがね」　羽鳥書店ウェブサイトにて、二〇一七年九月から二〇一八年十二月まで連載（全十五回）

「〈声〉と〈書くこと〉をめぐって——デリダ／スタール夫人／アレント」　書下ろし

「あとがき」にかえて

そろそろ「あとがき」を……と編集者の矢吹有鼓さんにいわれて、一瞬うろたえました。過去に原稿を催促されたという記憶はほとんどない。ただしその理由は単純で、昔は大家族で暮らし、いつ何が起きるかわからないから早めに仕事を仕上げておく習性が身についてしまったというだけのこと。今回は別の話、要するに念頭になかったのです。

じつはこの本の全体が、一区切りついた今現在の「あとがき」のようなものではないかと思っています。スタール夫人とハンナ・アレントのあいだには――女性による「ヨーロッパ近代批判」という文脈で――何かしら共通するもの、呼応するものがあるのではないか。そう考えて、二人がそれぞれの視点から書いた堂々たる「フランス革命論」を比較してみたのが、二〇一八年十二月刊の『政治に口出しする女はお嫌いですか？』（勁草書房）という長いタイトルの小さな本でした。その間に浮上したのが、女性の主宰するサロンにおいて「語られる言葉」、そこで醸成される「社会的なもの」という新しい問題です。これをアクチュアリティと関連させながら考えてみたのが今回の『女たちの声』であり、これら二冊はペアをなしています。

羽鳥書店のウェブサイトで二〇一七年九月から二〇一八年十二月まで、十五回にわたって連載した記事が本書の大方を占めますが、連載を終えたあと、長い「あとがき」のつもりで「言語環境に潜む性差の力学」をめぐるエッセイを書きました。人文系の学問的な思考にも性差の刻印はあるけれど、フェミニズムのいう性差別とは別種の事柄として、あるいはむしろ、性差別の淵源にある思考の様態として、これを批判的に考察したい。そのような思いに導かれ、半世紀におよぶ研究者としての言語体験をふり返ることで、なにやら人生の「あとがき」めいた文章を、すでに書いてしまったような気がしていたのかもしれません。

ところでアクチュアリティには一区切りなどあろうはずはない。二〇一九年四月、東京大学の入学式で上野千鶴子さんが来賓祝辞を述べて大きな話題になりました。東大と、男の牙城である学問が、ついに女性に開放された徴でしょうか？　……ふと思い出したのは、一九九七年の東京大学創設一二〇周年記念式典のこと。大学の内外から招待された出席者のリストを見て、着任したばかりの蓮實重彥総長が「このようなことがあってはならぬ」と宣言された。学内の役職者の教員、事務方を含め、全員が男性だったのです。総長の采配で女子大の女性学長が祝辞を述べることになり、マスコミ関係も女性記者が名指しで招待され、一般教員という枠組みで女性教員二名にお招きがありました。別の女性教員が「女はホステスではない！」と批判の声を上げました。事務方は、騒ぎが大きくなるのではないかとたいそう心配した様子。ところで、かりにあなた自身が意見を求められたら、どのように判断されるでしょうか。招待された女性たちは、断るべきだった？

二〇一七年の東京大学創設一四〇周年の催しでは、安田講堂で記念講演が行なわれたようですが、プログラムを見ると、講師は現役の教授で男女それぞれ一名、司会は女性の教授、学長挨拶を含めて「パリテ」（男女同数）が成立しています。かつて、壇上にかろうじて他大学の女性学長一名がおられるだけの、男性によって真っ黒に埋め尽くされた大きな会場で「このようなことが二度とあってはならぬ」と肝に銘じた者としては、とりあえず嬉しいことでした。ただし、女性教授の比率が八パーセントに満たぬ大学で、事あるごとに「パリテ」を達成しようとすれば、女性は男性の何倍も働き、それこそ超人的な「活躍」をしなければなりません。

こうした不均衡は何世紀にもわたり蓄積されたものであり、自然に解消されることはありえない。男女を問わず発言する機会を得た人は「アファーマティヴ・アクション」（積極的な優遇措置）により女性の居場所を確保することに配慮していただきたい。わたしは男性だけが参加するシンポジウムや論文集には興味を抱けません。マイクを握るのは実力者の男性ばかりで、花束贈呈は初々しい乙女という催しは、嫌いです。このような違和感を共有する人たちは、さいわい若い男女を中心に着実に増えている。

上野千鶴子さんの祝辞については、依頼した大学執行部にとっても快挙であり、万人に理解できる事柄を明快に社会に送りだすパフォーマンスは、いつもながら見事だったと思います。ただし、あえていうなら、反響が大きすぎる！　反響そのものがメディアで話題になるということ自体が、東大の旧弊なイメージと日本が「男女平等世界ランキング」で最下位に近いという現状に、深く結びついている。欧米の大学であれば、執行部を含め、女性の役職者、教授、名誉教授など、めずらしくもないから、当然、話題にもならない。この相違こそが、重大なのではありませんか？　わたし自身は、一部のマスコミがいう「東大にも性差別」という捉え方はきわめて不正確であり、戦後日本の社会が全体として脱却できずにいる構造的な歪みと抑圧的な風潮が、世間で難関と目される大学に凝縮して露骨に表れたものと理解しています。女子学生の入学者が二〇パーセントを超えないのは、女子の受験者が増えないためであり、東大が差別しているからではないのです。

それにしても、事実上「アリバイの女」（組織に女性が一人もいないのは、さすがにまずかろうという配慮による採用）として着任したわたしにとって、同性の同僚から投げかけられた「ホステス」という言葉は重いものでした。『女たちの声』と題したこの本は、身体的なプレゼンスは社会に参画するための必要条件であるという確信を前提に書かれています。業界理事長とキャバレーに行った件なども、そんなタイプの笑い話だけれど（第Ⅸ回）、要するに「ホステス化」せずに、しかるべき「ホステス役」を務めることは、状況判断しだいで、不可能ではないだろうという感覚をもっているのです。「オトコ社会」を観察するだけで、同時代を知るための社会勉強になるし、どこに居ても主体的に行動する機会は皆無というわけではない。わたしの世代にとって何よりも大切なのは、そこに居ることでした。

放送大学における社会人教育をふくめ大学教員の職を完全に退いて数年になる者にとり「アリバイの女」も「ホステス化」も個人的には過去の話です。最終的な問いは「男女平等ランキング」の向上に資するような学問のあり方を自分は諦めずに問いつづけているか、という一言に尽きるでしょう。

冒頭で人生の「あとがき」などと大袈裟なことをいいましたが、連載を書くなかで、偶然目にした「同時代」という言葉に惹かれ、大江健三郎という新しい主題に巡り合いました。一九九四年のノーベル賞受賞以降に書かれた、作家自身の言葉を借りれば「晩年の仕事《レイト・ワーク》」に当たる一連の小説を熱心に読んでいます。ともかくヒロインたちが素晴らしい。『憂い顔の童子』のローズさんは研究者、『﨟たしアナベル・リイ総毛立ちつ身まかりつ』のサクラさんは国際派の映画女優、『水死』のウナイコは若者たちの劇団の主演女優……それこそ「女たちの声」が聞こえてくるようで。そうしたわけで、あれこれ参考文献などを広げていたときに、作家自身のこんな発言に出遭いました。要約すると不正確になるので、そのまま引用します。自分の息子が靖国神社で合祀されることを拒否した父親は、これまでいない、という指摘につづき、

やはり女性に真の革新的な強さがある。そういう女性作家が出てくる可能性はあります。ただ、日本の女性は権力的なところに加わってゆくと、どういうわけか、僕の言葉でいうと「芸者化」するんです。「芸者化」するというのは、芸者的立ち振る舞いになって、男性のために奉仕する役割になる。例えば女性の大臣が首相に対して「芸者化」する。権力の外でも、女性のインテリとしてエッセイを書いている時にはしっかりしているように見える人も、男性が中心のテレビ番組に出ると「芸者化」するんです。

僕はそういう女性は、だめだと思います。そうではない人に未来がある。【*注】

同感です！「芸者化」と「ホステス化」は同じような意味でしょうけれど、「芸者」も「ホステス」もサーヴィス業として社会的に認知された職業ですから誤解がないように。謂わんとするのは、それが職責ではないにもかかわらず、思わず権力に寄り添ってサーヴィスしてしまうこと、そして可愛げのある女を演じてしまうこと。高学歴であろうとなかろうと、現役の女性たちにとって、大きな課題でしょう。女性がもちうる「真の革新的な強さ」を活かせるか――日本の未来もそこにかかっていると信じます。

ウェブサイト連載でもお世話になった矢吹有鼓さん、羽鳥和芳社長への感謝とともに

二〇一九年　憲法記念日

工藤庸子

＊注　【座談会】大江健三郎、井上ひさし、小森陽一「大江健三郎の文学 作家前夜から最新作『取り替え子《チェンジリング》』まで」、大江健三郎・すばる編集部編『大江健三郎・再発見』集英社、二〇〇一年、一二五頁。

工藤庸子（くどう　ようこ）
一九四四年生まれ。東京大学名誉教授。専門はフランス文学、ヨーロッパ地域文化研究。

主な著書

『プルーストからコレットへ』（中公新書、一九九一年）
『小説というオブリガート――ミラン・クンデラを読む』
（東京大学出版会、一九九六年）
『恋愛小説のレトリック――『ボヴァリー夫人』を読む』
（東京大学出版会、一九九八年）
『フランス恋愛小説論』（岩波新書、一九九八年）
『ヨーロッパ文明批判序説――植民地・共和国・オリエンタリズム』
（東京大学出版会、二〇〇三年）
『宗教vs.国家――フランス〈政教分離〉と市民の誕生』
（講談社現代新書、二〇〇七年）
『近代ヨーロッパ宗教文化論――姦通小説・ナポレオン法典・政教分離』
（東京大学出版会、二〇一三年）
『論集　蓮實重彥』（編著、羽鳥書店、二〇一六年）
『評伝　スタール夫人と近代ヨーロッパ――フランス革命とナポレオン独裁を生きぬいた自由主義の母』（東京大学出版会、二〇一六年）
『〈淫靡さ〉について』（蓮實重彥との共著、羽鳥書店、二〇一七年）
『政治に口出しする女はお嫌いですか？――スタール夫人の言論vs.ナポレオンの独裁』（勁草書房、二〇一八年）

主な訳書

アンリ・トロワイヤ『女帝エカテリーナ』（中央公論社、一九八〇年）
フロベール書簡選集『ボヴァリー夫人の手紙』（筑摩書房、一九八六年）
バルガス・リョサ『果てしなき饗宴』（筑摩書房、一九八八年）
コレット『牝猫』（岩波文庫、一九八八年）
ミシェル・フーコー『幻想の図書館』（哲学書房、一九九一年）
コレット『シェリ』（岩波文庫、一九九四年）（左右社、二〇一〇年）
コレット『シェリの最後』（岩波文庫、一九九四年）
ミシェル・ビュトール『ディアベリ変奏曲との対話』
（筑摩書房、一九九六年）
プロスペール・メリメ『カルメン』（新書館、一九九七年）
ピエール・ロティ『アジヤデ』（新書館、二〇〇〇年）
コレット『わたしの修業時代』（ちくま文庫、二〇〇六年）
バルザック『ランジェ公爵夫人』（集英社、二〇〇八年）
『いま読むペロー「昔話」』（羽鳥書店、二〇一三年）
マルグリット・デュラス『ヒロシマ・モナムール』
（河出書房新社、二〇一四年）

女たちの声
二〇一九年六月一四日　初版
著者　工藤庸子
ブックデザイン　小川順子
発行者　羽鳥和芳
発行所　株式会社　羽鳥書店
一一三―〇〇二二
東京都文京区千駄木一―二二―三〇
ザ・ヒルハウス五〇二
電話番号　〇三―三八二三―九三一九［編集］
〇三―三八二三―九三二〇［営業］
ファックス　〇三―三八二三―九三二一
http://www.hatorishoten.co.jp/
印刷所　株式会社 精興社
製本所　牧製本印刷 株式会社

ISBN 978-4-904702-77-2　Printed in Japan